Gib dir die Liebe, die du verdienst

KATHARINA TEMPEL

INHALT

Warum du wichtig bist

Es gibt keine wichtigere Beziehung im Leben als die zu uns selbst. Doch statt uns die Aufmerksamkeit und Fürsorge zukommen zu lassen, die wir verdienen, stellen wir unsere Bedürfnisse hintenan. Nur, wenn wir nicht für uns sorgen, wer tut es dann?

ERST SICH LIEBEN HEISST, GUT ZU LEBEN

Wie du über dich selbst denkst und wie du mit dir umgehst, wirkt sich in jeder Minute auf alle Bereiche deines Lebens aus.

Eigentlich wissen wir es ja: Je schonungsloser wir unsere Ressourcen ausschöpfen, desto schneller brennen wir aus. Je stärker wir mit uns ins Gericht gehen, desto schlechter denken wir von uns. Je weniger Rücksicht wir auf uns nehmen, desto bedeutungsloser fühlen wir uns. Je seltener wir uns etwas gönnen, desto freudloser wird jeder Tag. Je fremdbestimmter wir uns verhalten, desto sinnloser wird unser Tun.

Für dich selbst zu sorgen bedeutet, Verantwortung für dein Wohlergehen zu übernehmen. Es bedeutet, für dich da zu sein und die Beziehung zu dir selbst positiv zu gestalten. Dazu ist es nötig, deine Bedürfnisse ernst zu nehmen und Körper, Geist und Seele die Pflege zukommen zu lassen, die sie benötigen, damit es ihnen gut geht und sie sich ganz entfalten können. Geschieht das nicht, kann es leicht passieren, dass du deine körperlichen oder seelischen Grenzen überschreitest. Überforderung, Unzufriedenheit, Erschöpfung, Frust, Stress und Krankheit können die Folge sein.

Leider ist es da mit einem gelegentlichen Wohlfühlschaumbad nicht getan. Vielmehr geht es darum, in Beziehung zu dir zu treten, dich neu zu entdecken, einen liebevollen Umgang mit dir zu erlernen und den Mut zu finden, deinen Weg zu gehen. Diese besondere Form der Zuwendung sollte dich an jedem einzelnen Tag begleiten, denn jede Entscheidung, die du triffst, kann mehr oder weniger fürsorglich sein.

Mehr Freude, Genuss und Entspannung zu erleben kann ein wunderbarer Anfang auf dem Weg zu mehr Selbstliebe sein. Fürsorglich mit dir umzugehen kann jedoch genauso gut bedeuten, längst überfällige Konflikte auszutragen, Bitten auszuschlagen, Grenzen zu setzen und für dich einzustehen. Es geht weniger darum, dir das zu geben, was du gerade willst, als um das, was du brauchst. Das kann unangenehm sein und auch zu Missmut im Umfeld führen. Auf lange Sicht ist es jedoch der einzige Weg, wie du dein Wohlbefinden, deinen Selbstwert und deine Lebensfreude erhalten kannst.

JA, ICH DARF!

Im Grunde wissen wir es ja, dass wir gut zu uns selbst sein sollten, und dennoch erlauben wir uns viel zu selten, unsere Bedürfnisse wichtig zu nehmen.

Zwei Vorurteile halten uns oft davon ab, fürsorglicher mit uns umzugehen: Wir halten es für verschwendete Zeit oder egoistisch, sobald wir uns in den Mittelpunkt stellen.

KEINE VERSCHWENDETE ZEIT

Jeden Tag sind wir unzähligen Belastungen ausgesetzt: Wir müssen unsere Arbeiten erledigen, den Haushalt führen, dafür sorgen, dass genug Essen im Kühlschrank ist, die Kinder zur Schule bringen, vielleicht die Eltern pflegen, Haustiere versorgen, die Buchhaltung machen, mit Handwerkern telefonieren und den Müll rausbringen.

Was heute unerledigt liegen bleibt, kann uns morgen in die Bredouille bringen. Vor die Wahl gestellt, uns eine halbe Stunde zu entspannen oder die Zeit zu nutzen, um schon einmal das Bad zu putzen, erscheint uns Letzteres in der Regel sinnvoller. Aber ist das vielleicht zu kurz gedacht?

Vielleicht kennst du die Geschichte von dem Holzfäller, der an seinem ersten Arbeitstag gleich achtzehn Bäume fällte? Angestachelt von seinem Erfolg, wollte er sich am nächsten

Tag noch übertreffen. Doch trotz aller Bemühungen gelang es ihm nicht mehr als fünfzehn Bäume zu fällen. Tags darauf waren es nur noch acht, dann sieben und zuletzt benötigte er einen ganzen Tag, um einen zweiten Baum zu fällen. Der Holzfäller konnte sich dieses Ergebnis nicht erklären. Er stand früh auf, war hoch motiviert und schuftete jeden Tag bis zum Umfallen. Nur seine Axt – die hatte er schon lange nicht mehr geschärft. Er war schließlich zu sehr damit beschäftigt, Bäume zu fällen.

- Geht es dir ähnlich?
- Bist auch du ständig am Tun und Machen und hast dennoch das Gefühl, nicht voranzukommen?
- Arbeitest du von früh bis spät, aber es ist nie genug?

Möglicherweise ist es an der Zeit, auch deine Axt zu schärfen. Die besten Absichten und die größte Disziplin nutzen wenig, wenn du dir nicht die Zeit nimmst, neue Kraft zu tanken. Jeder von uns muss regelmäßig seine Werkzeuge warten, wenn wir unsere Arbeitskraft und Teilhabe erhalten wollen. Dieses Werkzeug mag dein Verstand sein, wenn du darauf spezialisiert bist, Probleme zu lösen. Es kann deine Gelassenheit sein, wenn du im Umgang mit deinen Kindern ruhig bleiben möchtest. Es kann deine Kreativität sein, wenn dein tägliches Brot darin besteht, innovative Produkte zu gestalten.

Auf der fundamentalsten Ebene entspricht das Werkzeug deiner Gesundheit, denn ohne sie kannst du keiner deiner Pflichten nachkommen. Ein fürsorglicher Umgang mit dir selbst macht produktives und effektives Arbeiten erst möglich. Er ist die Voraussetzung dafür, dass du den Herausforderungen der Welt begegnen kannst.

»Wenn ich fünf Stunden Zeit hätte, einen Baum zu fällen, würde ich vier Stunden meine Säge schärfen.«
ABRAHAM LINCOLN (16. PRÄSIDENT DER USA)

Wie ist es um dein Wohlergehen bestellt?
Wie viel Zeit hast du darauf verwendet, dein Werkzeug gut zu schärfen?

DU BIST NICHT EGOISTISCH

Manche Menschen meinen, dass es sich nicht gehört, für sich selbst da zu sein. Sie halten es für falsch und meinen, egoistisch zu sein, sobald sie sich gut um sich kümmern. Dieser Glaube kommt nicht von irgendwoher. Kannst du dich noch an das Märchen »Die Sterntaler« erinnern? Es ist von den Gebrüdern Grimm und handelt von einem armen Waisenmädchen, das sein letztes Hemd für andere Menschen hergibt und am Ende vom Himmel für sein selbstloses Handeln mit herabfallenden Sterntalern belohnt wird.

DIE STERNTALER

Es war einmal ein kleines Mädchen, dem war Vater und Mutter gestorben und es war so arm, dass es kein Kämmerchen mehr hatte, darin zu wohnen, und kein Bettchen mehr hatte, darin zu schlafen, und endlich gar nichts mehr als die Kleider auf dem Leib und ein Stückchen Brot in der Hand, das ihm ein mitleidiges Herz geschenkt hatte. Es war aber gut und fromm. Und weil es so von aller Welt verlassen war, ging es im Vertrauen auf den lieben Gott hinaus ins Feld. Da begegnete ihm ein armer Mann, der sprach: »Ach, gib mir etwas zu essen, ich bin so hungrig.« Es reichte ihm das ganze Stückchen Brot und sagte: »Gott segne dir's« und ging weiter. Da kam ein Kind, das jammerte und sprach: »Es friert mich so an meinem Kopfe, schenk mir etwas, womit ich ihn bedecken kann.« Da tat es seine Mütze ab und gab sie ihm. Und als es noch eine Weile gegangen war, kam wieder ein Kind und hatte kein Leibchen an und fror: da gab es ihm seins; und noch weiter, da bat eins um ein Röcklein, das gab es auch von sich hin. Endlich gelangte es in einen Wald und es war schon dunkel geworden, da kam noch eins und bat um ein Hemdlein und das fromme Mädchen dachte: »Es ist dunkle Nacht, da sieht dich niemand, du kannst wohl dein Hemd weggeben« und zog das Hemd ab und gab es auch noch hin. Und wie es so stand und gar nichts mehr hatte, fielen auf einmal die Sterne vom Himmel und waren lauter blanke Taler; und ob es gleich sein Hemdlein weggegeben, so hatte es ein neues an und das war vom allerfeinsten Linnen. Da sammelte es sich die Taler hinein und war reich für sein Lebtag.

Jacob und Wilhelm Grimm: Die schönsten Kinder- und Hausmärchen

Viele von uns sind mit Geschichten und Botschaften wie dieser groß geworden. Sie erzählen von Selbstaufopferung und Selbstaufgabe, davon, die eigenen Bedürfnisse immer hintanzustellen und andere Menschen wichtiger zu nehmen als sich selbst.

Gerade Mädchen und Frauen wurde über Jahrhunderte hinweg beigebracht, brav, bescheiden und anspruchslos zu sein und sich in erster Linie um alle anderen zu kümmern. Auch heute noch glauben viele, es sei falsch, für sich zu sorgen, und empfinden Schuldgefühle, wann immer sie im

Vordergrund stehen. Aussagen wie »Nimm dich nicht so wichtig!« oder »Was glaubst du eigentlich, wer du bist?!« ermahnen uns noch heute, uns keine große Aufmerksamkeit zu schenken.

Doch können wir erst dann für andere da sein, wenn es uns selbst entsprechend gut geht. Überleg einmal, wann du eher bereit bist, einem Nachbarn in Not auszuhelfen: wenn du körperlich angeschlagen bist, Stress im Job hast und schon länger mit deinem Leben haderst oder wenn du gesund und ausgeruht bist, deinen Beruf magst und Freude am Leben hast? Jeder, der schon einmal mit dem Flugzeug gereist ist und einer Bordeinweisung zugehört hat, weiß: Erst muss jeder sich selbst die Sauerstoffmaske aufsetzen, um sicherzustellen, dass er bei Bewusstsein bleibt. Dann können wir uns um andere Passagiere kümmern. Würden wir erst alle anderen versorgen, ginge uns selbst darüber die Luft aus. Wir würden ohnmächtig werden und könnten niemandem mehr eine Hilfe sein.

Dieses Schicksal hätte auch das Sterntaler-Mädchen ereilt. Denn nachdem das Kind zwei Tage lang unvernünftigerweise alles hergegeben hatte, was es besaß, wäre es am dritten oder vierten Tag vermutlich an Kälte, Durst oder Hunger gestorben. Aus mangelhafter Selbstfürsorge hat sich das Mädchen lebensbedrohlich erschöpft, statt seine Ressourcen sinnvoll einzuteilen.

Ist es wirklich das, was wir unseren Kindern beibringen wollen: Selbstaufgabe bis hin zum Tod statt einem fürsorglichen Umgang mit sich selbst genauso wie mit anderen?

Fürsorglich mit dir selbst umzugehen hat also nichts damit zu tun, dich auf Kosten anderer zu bereichern oder zu stärken. Ebenso wenig bedeutet es, anderen zu schaden oder ohne Rücksicht auf Verluste deinen Willen durchzusetzen.

Es heißt vielmehr, dich selbst – neben anderen Menschen – auch wichtig zu nehmen. Es heißt, dafür Sorge zu tragen, dass du gesund und glücklich bist, damit du so gestärkt diese Welt bereichern und zu einem besseren Ort machen kannst.

GESCHENKE AN MICH

Auf den ersten Blick ist oft nicht ersichtlich, wie wichtig ein liebevoller Umgang mit sich selbst für das körperliche und seelische Wohlergehen ist.

Das kennt jeder: Kurzfristig halten wir unsere To-do-Listen kürzer, wenn wir Arbeitspausen streichen, um unsere Aufgaben zu erledigen. Langfristig verbrauchen wir damit unsere Kräfte und können uns bis zur Krankheit erschöpfen.

Kurzfristig spricht natürlich nichts dagegen, sich für die Familie oder ein wichtiges Projekt zurückzunehmen. Langfristig zeigen wir uns auf diese Weise, dass wir es nicht wert sind, unsere Bedürfnisse zu beachten, und unser Selbstwertgefühl sinkt ins Bodenlose. Kurzfristig fühlt es sich gut an, seine Pflichten abzuarbeiten. Langfristig kann es so wirken, dass man nur noch funktioniert und nichts mehr vom Leben hat.

DAS FUNDAMENT DEINES GUTEN LEBENS

Ein liebevoller und fürsorglicher Umgang mit dir selbst steht an der Basis (d)eines gesunden und glücklichen Lebens.

DU LEBST GESÜNDER

Wer sich laufend verausgabt, wird über kurz oder lang von seinem Körper in die Schranken gewiesen. Das kann sich in bleierner Müdigkeit an den freien Tagen am Wochenende zeigen, in der lästigen Erkältung am ersten Urlaubstag oder in anderen Beschwerden.

Ein fürsorglicher Umgang mit dir selbst ist zwar kein Garant für immerwährende Gesundheit, doch kannst du früher erkennen, wenn du erschöpft bist, schneller Gegenmaßnahmen ergreifen und wirst so dein Immunsystem stärken.

DU GEWINNST MEHR LEBENSQUALITÄT

Wer sich selbst aus den Augen verliert, hat irgendwann das Gefühl, nur noch zu funktionieren. Während der Alltag zum bloßen Abarbeiten von Pflichten verkommt, verpasst man alles, was das Leben schön und lebenswert macht: Liebe, Freude, Dankbarkeit, Genuss und die vielen Kleinigkeiten, die in der Summe ein erfülltes Leben ausmachen.

Sorgst du hingegen bewusst dafür, dass diese Gefühle und Aspekte immer wieder vorkommen dürfen, wird dein Alltag um ein Vielfaches schöner und deine Lebensqualität steigt.

DU STEHST FÜR DICH SELBST EIN

Wer andere Menschen stets wichtiger nimmt als sich selbst, läuft nicht nur Gefahr, sich für diese zu erschöpfen, sondern auch, von ihnen ausgenutzt zu werden. Denn irgendwann gewöhnt sich dein Umfeld daran, dass du jede noch so ungeliebte Arbeit erledigst und jeder Anfrage nachkommst.

Sobald du aber damit anfängst, deine Bedürfnisse selbstbewusst nach außen zu vertreten und bei Bedarf aktiv Grenzen zu setzen, eroberst du nicht nur deine Selbstständigkeit zurück. Du erlangst auch den Respekt deiner Mitmenschen, die dich nun mit anderen Augen sehen.

Der höchste Lohn
für unsere
Bemühungen
ist nicht das, was wir
dafür bekommen,
sondern das, was wir
dadurch werden!

JOHN RUSKIN (ENGLISCHER SOZIALREFORMER)

DU ARBEITEST EFFIZIENT

Ein Baum lässt sich am besten mit einer geschärften Axt fällen. Genauso erledigst du deine Aufgaben am schnellsten und effektivsten, wenn du gesund, zufrieden und motiviert bist.

DU BIST UNABHÄNGIG

Wer sich gut um seine eigenen Bedürfnisse kümmert, ist nicht länger darauf angewiesen, dass andere Menschen erkennen, was man braucht.

Du musst dann nicht länger darauf hoffen, dass dein Chef deine Arbeit wertschätzt, deine Freundin dir Trost spendet, deine Kinder dir Eigenzeit schenken und dein Partner mit einer romantischen Überraschung aufwartet, weil du all diese Bedürfnisse selbst erfüllen kannst.

DU GEWINNST MEHR WIDERSTANDSKRAFT

Wer darauf achtet, sich regelmäßig Auszeiten zu gönnen, wohltuende Beziehungen pflegt, Zeit in Hobbys investiert und dafür sorgt, dass es stets etwas Schönes oder Genussvolles zu erleben gibt, sammelt wertvolle Ressourcen. Diese helfen, auch schwerere Zeiten zu überstehen.

DU KANNST ANDEREN BESSER HELFEN

Ein fürsorglicher Umgang mit dir selbst ist eine wesentliche Voraussetzung dafür, um anderen Menschen wirklich helfen zu können. Nur wenn es dir selbst gut genug geht, hast du ausreichend Energie, um dich um andere zu kümmern. Nur wenn du stabil bist, kannst du andere auffangen. Nur wenn deine Angelegenheiten geregelt sind, kannst du dich den Baustellen anderer zuwenden.

DU STÄRKST DEIN SELBSTWERTGEFÜHL

Wer sich und seine Bedürfnisse nicht wichtig nimmt, signalisiert, Zuwendung und Fürsorge nicht verdient zu haben. Er zeigt sich selbst, dass er es nicht wert ist, Zeit und Mühe auf sich zu verwenden.

Wenn du stattdessen damit beginnst, dir selbst Bedeutung zuzumessen, steigt auch dein Selbstwertgefühl, was dich wiederum dazu motivieren wird, stärker auf dich und deine Bedürfnisse zu achten.

DU FÜHRST GESÜNDERE BEZIEHUNGEN

Ein liebevoller Umgang mit dir selbst ist eine wesentliche Voraussetzung dafür, um liebevolle und gesunde Beziehungen mit anderen Menschen führen zu können.

Nur wenn du wirklich gut für dich sorgst, hast du auch die Möglichkeit, Liebe zu verschenken, die frei von jeglichen Erwartungen, Pflichtbewusstsein und Druck ist. Nur, wenn du deine Bedürfnisse genauso wichtig nimmst wie die deiner Gegenüber, kannst du ihnen auf Augenhöhe begegnen.

DU SCHÜTZT DEINE SEELE

Wer unentwegt Raubbau an seinen Ressourcen betreibt, erhöht das Risiko, psychische Beschwerden zu entwickeln. Burnout, Suchterkrankungen, Depressionen oder Angststörungen können die Folgen sein.

Sorgst du hingegen regelmäßig gut für dich selbst und kümmerst dich liebevoll um deine Bedürfnisse, stärkst du dein seelisches Wohlbefinden. Krisen bietest du dadurch weniger Angriffsfläche, weil du über einen Fundus an wertvollen Fähigkeiten und Energiereserven verfügst.

Kaum etwas auf der Welt kann wichtiger sein, als gut für dich selbst zu sorgen. Wann immer du daran zweifeln solltest, stell dir die folgenden Fragen:

- Was geschieht (kurzfristig und langfristig), wenn ich nicht genug für mich sorge?
- Was ist mir alles wichtiger, als für mich selbst zu sorgen?
- Wie lange und wie oft kann ich noch aufschieben, für mich zu sorgen?

Diese Fragen helfen dir zu erkennen, dass es keine wirkliche Alternative für einen liebevollen und fürsorglichen Umgang mit dir selbst gibt. Er ist die Grundlage für dein gesundes und glückliches Leben.

Zutaten für mehr Selbstliebe

Damit wir gut zu uns selbst sein können, sind drei Voraussetzungen nötig: Wir müssen uns Aufmerksamkeit schenken, liebevolle Zuwendung erlauben und Verantwortung für unser Wohlergehen übernehmen.

ICH HÖRE AUF MICH SELBST

Wir können immer erst dann gezielt auf unsere Bedürfnisse eingehen, wenn wir uns darüber im Klaren sind, was wir jetzt gerade in diesem Moment benötigen.

Das setzt Aufmerksamkeit für uns selbst voraus. Wir müssen uns Zeit nehmen, den Blick nach innen richten und hinsehen. Genau damit aber tun sich viele von uns schwer. Oft sind wir gewohnt, unsere Aufmerksamkeit auf alles andere zu richten (die Kinder, den Partner, die Arbeit, den Haushalt), nur nicht auf uns selbst.

Im Alltag schenken wir uns in der Regel nur wenig Aufmerksamkeit. Wir spulen gewohnte Abläufe ab und führen unsere Aufgaben mehr oder minder automatisiert durch.

Für unser Gehirn ist das leichter. Stell dir nur einmal vor, du müsstest jedes Mal im Auto überlegen, wo das Gas- oder das Bremspedal ist. Das müssen wir zum Glück nicht, denn je häufiger wir etwas tun, desto automatischer wird eine Handlung. Dieser Vorteil kann aber auch zum Nachteil werden. Zum Beispiel wenn wir uns Haltungen angewöhnen, die zu Verspannungen führen, oder Gewohnheiten etablieren, die uns scha-

den statt nutzen. Dann verharren wir auch hier in den ewig gleichen Routinen, ohne zu ändern, was schlecht für uns ist. Frage dich:

- Welche Gewohnheiten haben ausgedient, weil sie mir nicht guttun oder längst keinen Zweck mehr erfüllen?
- Was sollte ich neu überdenken?
- Wo spüre ich das Bedürfnis nach Veränderung?

<u>ÜBUNG:</u> Wie sitzt du jetzt in diesem Moment?

Achte bewusst darauf, wie du gerade sitzt. Nimm wahr, ob du deine Beine übereinandergeschlagen hast oder beide Füße auf dem Boden stehen. Sind die Beine ausgestreckt oder angewinkelt? Hast du vielleicht ein Bein oder beide Beine hinter die Stuhlbeine geklemmt? Spür nun in dich hinein, ob diese Haltung für dich angenehm ist. Wenn nicht, was kannst du verändern, um dich wohler zu fühlen? Nimm jetzt die Position ein, die sich am bequemsten anfühlt.

IN KONTAKT MIT MIR

Wenn wir wirklich für uns selbst sorgen wollen, müssen wir von Zeit zu Zeit Routinen durchbrechen und uns Aufmerksamkeit schenken. Wir müssen in Kontakt mit unserer Befindlichkeit kommen und herausfinden, was wir brauchen, was wir uns wünschen und wonach wir uns sehnen. Diese Tipps helfen:

INNEHALTEN

Halt am Tag immer mal wieder bewusst inne, um in dich hineinzufühlen: Wie geht es mir gerade? Was fühle ich gerade? Was denke ich gerade?

Als Erinnerungshilfe kannst du dir zwei bis drei Alarme auf deinem Handy oder Wecker stellen. Wann immer du ihn hörst, unterbrich deine Tätigkeit und horch in dich hinein. Alternativ eignen sich auch Notizzettel, auf die du das Wort »Innehalten« schreibst und als Erinnerungshilfe an deinem Arbeitsplatz oder in deiner Wohnung verteilst. Sobald dein Blick auf den Zettel fällt, nimm dir ein bis zwei Minuten Zeit, um dieser Aufforderung nachzukommen.

NICHTSTUN

Mach es dir zur Gewohnheit, fünf Minuten deines Tages zu blocken, um nichts zu tun. Du könntest diese fünf Minuten zum Beispiel in deine Mittagspause oder auf den Feierabend legen. Achte darauf, dass du in dieser Zeit allein und ungestört bist. Schalt Radio und TV aus, iss und trink nichts und lies auch kein Buch.

Schließ am besten deine Augen. Wenn du zur Ruhe gekommen bist, achte darauf, was dir gerade durch den Kopf geht, was du empfindest und wo du etwas in deinem Körper spürst. Je mehr wir das Außen abschotten, umso intensiver können wir wahrnehmen, was in uns vor sich geht.

MORGENRITUAL

Starte gleich morgens mit einer Innenschau in den Tag. Bleib dazu nach dem Aufwachen noch fünf Minuten im Bett, aber setz dich auf, damit du nicht Gefahr läufst wieder einzuschlafen. Atme ein paar Mal bewusst ein und aus und richte deine Aufmerksamkeit dann gezielt nach innen: Was geht dir gerade durch den Kopf? Beobachte deine Gedanken, ohne auf sie anzuspringen. Was spürst du in deinem Körper? Bist du irgendwo verspannt? Hast du Durst? Wie ist deine Stimmung? Fühlst du dich noch müde und ausgelaugt? Gehen dir Sorgen durch den Kopf? Spürst du Vorfreude? Nachdem du einmal Gedanken, Gefühle und Körperempfindungen durchgecheckt hast, streck und reck dich und starte in deinen Tag.

ROUTINEN ANDERS NUTZEN

Wähl eine Routineaufgabe deines Tages, um in dieser Zeit in dich hineinzuhorchen. Du könntest zum Beispiel immer beim Zähneputzen oder Geschirrspülen einen kleinen Selbstcheck durchführen und darauf achten, wie es dir gerade geht und was du gerade brauchst.

MEDITIEREN

Meditation ist ein ausgezeichneter Weg, um deine Aufmerksamkeit für dich selbst zu erhöhen. Es gibt zahlreiche geführte Meditationen im Internet oder in Apps, die dir dabei helfen, deine Körperempfindungen wahrzunehmen oder deine Gedanken und Gefühle zu beobachten (siehe auch Seite 68).

ICH ERLAUBE MIR, GUT ZU MIR ZU SEIN

Zu erkennen, was wir brauchen, ist das eine. Doch bringt es herzlich wenig, wenn wir nicht bereit sind, entsprechend unserer Bedürfnisse zu handeln.

Wir müssen uns erst die Erlaubnis geben, fürsorglich mit uns umzugehen. Sonst bleiben wir in einer unbequemen Sitzhaltung, aber auch in einer ausnutzenden Partnerschaft oder einem zermürbenden Job haften, weil wir meinen, es nicht besser verdient zu haben. Nur wenn wir glauben, dass wir es wert sind, gut behandelt zu werden, werden wir auch gut zu uns sein. Ein fürsorglicher Umgang mit uns selbst erfordert daher eine liebevolle, freundliche und mitfühlende Haltung.

»Du sollst deinen Nächsten lieben wie dich selbst!«

MARKUS (EVANGELIST) 12, 29-31

Genau dies stellt jedoch für viele von uns eine große Herausforderung dar. Gerade Menschen, die unter starken Selbstzweifeln leiden, sind oft der Überzeugung, dass sie eine liebevolle Behandlung nicht verdient hätten. Sie gehen härter mit sich ins Gericht als mit allen anderen und entscheiden sich absichtlich für einen schweren Weg, statt den leichten zu nehmen, um sich für ihre eigenen Unzulänglichkeiten zu bestrafen. Vielleicht kennst du solche Gedanken auch von dir? Vielleicht denkst auch du manchmal, dass du etwas Schönes nicht verdient hast, dass du nicht gut genug bist oder es dir immer viel zu einfach machst? »Wer bin ich schon, dass ich mir das herausnehmen darf?« – Aber wer bist du denn, dass du es nicht darfst?

- Welche Bedürfnisse sind in deinem Leben bislang zu kurz gekommen, weil du dir einen liebevollen Umgang mit dir selbst versagt hast?
- Gibt es etwas, das du dir schon lange wünschst, aber noch nicht erfüllt hast?
- Wurdest du schon einmal von dir nahestehenden Menschen aufgefordert, dir etwas Gutes zu tun oder etwas zu gönnen? Um welche Dinge handelt es sich dabei?

- Wenn ein dir wohlgesonnener Mensch deinen Alltag eine Woche lang beobachten würde, was würde er sich wünschen, dass du änderst?
- Gibt es Menschen in deiner Umgebung, die du dafür beneidest, dass sie eine gute Beziehung mit sich selbst haben? Wenn ja, was machen sie anders?

BIN ICH WIRKLICH NIE GUT GENUG?

Wenn es dir schwerfällt, wohlwollend auf dich zu blicken, liegt das an den Erfahrungen, die du bisher gemacht hast. Möglicherweise hast du schon früh zu hören bekommen, dass du ein Tollpatsch wärst, zwei linke Hände hättest, dumm seist, vorlaut, nicht so hübsch seist wie die Sophia oder nicht so schlau wie der Felix.

Vieles von dem, was wir heute glauben, ist durch solche frühen Prägungen entstanden. Unsere Eltern bestimmen zu wesentlichen Teilen unser Selbst- und Weltbild, aber als kleine Kinder sind wir nicht in der Lage zu reflektieren, was sie sagen. Wir können nicht hinterfragen, ob sie recht haben. Doch verinnerlichen wir alles, was wir hören. Weil wir von ihnen abhängig sind, übernehmen wir ihre Äußerungen, bis wir schließlich selbst daran glauben, dass wir nicht gut und liebenswert genug, dass wir »komisch« oder »anders« sind.

Auf der Suche nach Anerkennung und Fürsorge streben wir danach, zu der Person zu werden, die wir meinen sein zu müssen. Eine Person, die genauso fleißig ist, wie es sich unsere Eltern immer gewünscht haben. Eine Person, die beliebt bei ihren Mitschülern ist, von der niemand behauptet, dass sie »komisch« wäre und die noch hübscher ist als die Sophia.

»Dass uns eine Sache fehlt, sollte uns nicht davon abhalten, alles andere an uns zu genießen!«

JANE AUSTEN
(ERSTE ENGLISCHE BESTSELLERAUTORIN)

Wir glauben, erst dann wertvoll zu sein, wenn wir genau so sind. Deswegen lehnen wir alle Eigenschaften an uns ab, die nicht dem Ideal entsprechen, und verurteilen uns für unsere vermeintlichen Schwächen. Wir glauben stets, noch ein bisschen besser, klüger und schöner werden zu müssen, bevor wir die Liebe von anderen oder von uns selbst verdient hätten.

»Vergiss nie deinen Wert. Auch wenn du dich manchmal wertlos gegenüber einer Person fühlst, bist du gleichzeitig unbezahlbar für andere!«

UNBEKANNT

DEINEN WERT VERSTEHEN

Genau wie ein 50-Euro-Schein nicht seinen Wert verliert, wenn er zerknittert ist und auf dem Boden lag, so bleibt auch uns der eigene Wert stets erhalten. Es kommt nicht darauf an, wie wir aussehen und was uns im Leben widerfährt. Unser Wert bleibt derselbe, weil wir wertvoll sind.

So führen wir einen fortwährenden Kampf gegen uns selbst, weil wir versuchen, einer Idealvorstellung zu entsprechen, die nicht einmal unsere ist. Nur, wir können diesen Kampf nicht gewinnen, sondern immer nur neue Möglichkeiten zum Scheitern auftun. Niemand ist so schön, schlank, fleißig, produktiv oder leistungsstark, wie er es gerne wäre.

Doch das macht uns nicht weniger wertvoll. Du musst nicht perfekt sein, um Liebe verdient zu haben. Du darfst ein gutes Leben haben, auch wenn du nicht makellos bist. Es ist erlaubt, Fehler zu machen, zu scheitern und hinter Erwartungen zurückzubleiben. Du musst nichts Besonderes tun oder leisten, um deinen Wert unter Beweis zu stellen, denn du hast diesen Wert schon immer besessen. Unabhängig davon, ob du in einer Partnerschaft lebst, einen Job hast, krank bist, dir etwas gelungen oder misslungen ist. Niemand kann dir deinen Wert wegnehmen, solange du ihn dir selbst zugestehst.

Du bist gut und richtig so, wie du bist! Und hast du es dann nicht auch verdient, glücklich zu sein? Hast du nicht genau dieselbe Wertschätzung, denselben Respekt und dieselbe liebevolle Behandlung verdient, die du anderen Menschen zuteilwerden lässt?

ÜBUNG: **Ich bin gut so, wie ich bin!**

Jeder von uns hat Eigenschaften an sich, die er mehr oder weniger mag. Statt immer nur auf deine vermeintlichen Fehler, Makel und Schwächen zu blicken, erinnere dich daran, was alles positiv ist. Darum schreib gleich jetzt mindestens fünf Dinge auf,

- *die du an deinem Aussehen magst, zum Beispiel: die Weichheit deiner Haare, deine süßen Grübchen, deine schmalen Fesseln, deine straffe Haut, deinen großen Busen etc.*
- *die du an deinem Charakter magst, zum Beispiel: deinen Humor, dein Verantwortungsbewusstsein, dein Gerechtigkeitssinn, deinen scharfen Verstand, deine Schlagfertigkeit, deine Gutmütigkeit, deinen Sinn für das Schöne etc.*
- *die dir im Leben gut gelungen sind, zum Beispiel: die Geburt deiner Kinder, dein Studienabschluss, Meditation als Gewohnheit etabliert zu haben, Ordnung halten zu können, der Vortrag bei der Jahresversammlung, deine berühmte Erdbeerbowle, deine selbst gestrickten Schals etc.*

ICH MACH MIR DIE WELT, WIE SIE MIR GEFÄLLT

Mit dem Eintritt ins Erwachsenenalter halten viele von uns große Stücke darauf, sich nicht mehr vorschreiben zu lassen, wie sie zu leben haben. Doch geht mit Freiheit auch Verantwortung einher.

Wir sind liebend gerne verantwortlich, wenn es darum geht zu entscheiden, wann wir uns schlafen legen oder welches Essen wir zu uns nehmen. Doch wenn es um unsere Bedürfnisse nach Liebe, Freundschaft, Nähe, Genuss, Freude und Verwirklichung geht, sieht die Sache ganz anders aus. Plötzlich meinen wir, dass es die Aufgabe der anderen sei, gut zu uns zu sein und uns die Aufmerksamkeit zukommen zu lassen, nach der wir uns sehnen. Wir verlangen, dass sie sehen, was wir brauchen, und uns diese Dinge ungebeten geben.

Wir erwarten, dass unsere Freunde ständig für uns da sind, der Chef uns den Weg zum Traumjob ebnet und der Partner uns mit einem Trip nach Tahiti überrascht. Schließlich ist es doch ihre vornehmste Aufgabe, uns glücklich zu machen.

Aber ist sie das wirklich? Woher sollte der Chef wissen,

ÜBUNG: ***Versteckte Bedürfnisse aufdecken***

Ergänze die folgenden Satzanfänge:

- *Mein Partner müsste …*
- *Meine Kinder sollten …*
- *Meine beste Freundin/mein bester Freund könnte doch …*
- *Wieso kann mein Chef nicht endlich …*
- *Wenn meine Eltern doch nur einmal …*
- *Ich wünschte, meine Kollegen würden …*

Welche deiner Bedürfnisse sollen diese Menschen erfüllen? Sehnst du dich nach mehr Unterstützung oder Aufmerksamkeit? Wünschst du dir eine größere Anerkennung deiner Leistung, mehr Lob oder Dankbarkeit?
Genau in diesen Bereichen darfst du selbst besser für dich sorgen. Wenn du dir also von deinem Chef mehr Anerkennung wünschst, frag dich, ob du selbst deine Leistungen ausreichend würdigst. Was könntest du tun, um dir noch stärker als bisher Anerkennung zu schenken?

wonach wir beruflich streben, wenn wir uns nicht bemerkbar machen? Und wieso sollte er sich darum sorgen? Hat er sich nicht vielmehr um seine berufliche Entwicklung zu kümmern?

Wieso sollten die Menschen in deinem Umfeld mehr Verantwortung für dein Leben tragen als du selbst? Wessen Aufgabe ist es wirklich, dich glücklich zu machen? Die deines Partners, deiner Kinder oder deiner Freunde? Liegt die Verantwortung für dein Wohlergehen nicht vielmehr bei dir selbst? Ist es nicht deine Aufgabe, dafür zu sorgen, dass du ein Leben nach deinen Vorstellungen führst und die Ziele erreichst, die für dich eine Bedeutung haben? Wer könnte dein Leben denn besser gestalten als du selbst?

IHR SEID DOCH FÜR MICH DA?

Verantwortung für das eigene Leben zu übernehmen kann beängstigend sein. Aber sieh es mal so: Wie oft bekommst du von anderen tatsächlich genau das, was du brauchst?

Wie oft hast du in der Vergangenheit vielleicht gedacht: »Jetzt nimm mich doch mal in den Arm…, jetzt sag mir doch mal, dass alles gut wird…, jetzt mach doch mal etwas Romantisches für mich.«

Und wie oft hat dein Gegenüber tatsächlich erkannt, was du wolltest, und entsprechend gehandelt? Kann es sein, dass Situationen wie diese weit häufiger im Streit geendet sind? Dass es statt Trost lautstarke Auseinandersetzungen und statt Fürsorge Konflikte gab?

- Wie lange wartest du schon auf eine kleine Aufmerksamkeit deines Partners, die Wertschätzung deines Chefs oder ein Lob deiner Eltern?
- Wie lange möchtest du noch darauf warten? Ein paar Tage? Ein paar Monate? Ein paar Jahre?
- Wie aussichtsreich ist es deiner Meinung nach, weiter darauf zu warten, dass andere deine Wünsche und Bedürfnisse wahrnehmen und erfüllen?

Andere Menschen sind in erster Linie mit ihrem Leben beschäftigt. Sie leben in ihren Körpern und haben ihre eigenen Gedanken und Empfindungen. Wir können uns wünschen, von ihnen »gesehen« zu werden, aber wir sollten nicht darauf warten, dass sie uns geben, was wir brauchen.

Du kannst selbst dafür sorgen, dass deine Bedürfnisse befriedigt werden und dein Leben weitgehend nach deinen Vorstellungen verläuft. Wenn du Verantwortung für dein Lebensglück übernimmst, wirst du unabhängig von der Gunst anderer. Schenken sie dir darüber hinaus auch noch Zuwendung, ist diese dann schlichtweg ein Bonus für die Liebe und Fürsorge, die du dir selbst bereits schenkst.

ICH PACKE ES AN

Sobald du Verantwortung übernimmst, verlässt du die Opferrolle, befreist dich aus deinem selbst geschaffenen Gefängnis und nimmst die Zügel selbst in die Hand.

Je häufiger wir das tun, desto mehr wächst unser Selbstvertrauen. Wir stellen fest, dass wir etwas bewirken können und die Kraft haben, Dinge zu verändern, die uns stören. Wir müssen dann nicht länger darüber klagen, dass unser Leben nicht nach unseren Vorstellungen verläuft, sondern können selbst gezielt nach Lösungen suchen. Dabei kann schon die folgende einfache Faustregel wahre Wunder bewirken:

»Love it, change it or leave it«
(zu Deutsch: »Liebe es, verändere es oder lass es bleiben«).

Wenn du mit einer bestimmten Situation (zum Beispiel deinen aktuellen Wohnverhältnissen) unzufrieden bist, hast du drei Möglichkeiten:

LOVE IT

Du könntest dich auf all die Vorteile und positiven Aspekte deiner gegenwärtigen Wohnsituation konzentrieren, zum Beispiel darauf, dass die Miete günstig ist, du es nicht weit zur Arbeit hast und die Fenster gut abdichten.

Es handelt sich zwar nicht um das Eigenheim im Grünen, aber du hast einen Park um die Ecke. Außerdem ist der Hausmeister sofort zur Stelle, wenn es ein Problem gibt, und du musst dich nicht mit aufwendigen Renovierungen rumschlagen. Indem du dir die Vorteile deiner Wohnung vor Augen führst, kannst du dich mit deiner Situation anfreunden.

CHANGE IT

Alternativ kannst du versuchen, die Aspekte deiner Wohnsituation zu verändern, die dich stören. Wenn du mit den tropfenden Wasserhähnen unzufrieden bist, könntest du deinen Vermieter bitten, diese zu reparieren. Einen schöneren Boden könntest du vielleicht selbst verlegen. Vielleicht ließe sich sogar ein Mauerdurchbruch in ein anderes Zimmer bewerkstelligen, ein Hochbett bauen oder ein Einbauschrank im Flur unterbringen, um mehr Platz zu gewinnen. In diesem Fall würdest du also selbst die Ärmel hochkrempeln und aktiv zu ändern versuchen, was dich jetzt stört.

LEAVE IT

Zu guter Letzt hast du auch immer die Möglichkeit, eine unangenehme Situation zu verlassen. Vielleicht überwiegen die Nachteile der Wohnung bei Weitem die Vorteile, sodass du dich nicht länger mit der Situation arrangieren möchtest. Vielleicht hast du auch die eine oder andere Veränderung angestellt, aber bist nach wie vor unzufrieden. Dann kann es unter Umständen das Beste sein, den aktuellen Mietvertrag zu kündigen und dich nach etwas Neuem umzusehen.

<u>ÜBUNG:</u> ***»Love it, change it or leave it!«***

Überleg zunächst, was dich gegenwärtig am meisten in deinem Leben stört. Vielleicht ist das deine finanzielle Situation, ein berufliches Projekt, ein Streit mit der Freundin, Unzufriedenheit mit deiner Figur oder dein gesundheitlicher Zustand. Beantworte dann die folgenden Fragen:

- *Warum hast du bislang nichts an der Situation verändert?*
- *Hast du von jemand anderem erwartet, dass er oder sie sich um das Problem kümmert?*
- *Möchtest du weiterhin darauf warten?*
- *Wenn nicht, welche Möglichkeiten hast du, dich mit der Situation zu arrangieren (= love it)?*
- *Wie könntest du sie verändern (= change it)?*
- *Wie könntest du sie verlassen (= leave it)?*

Notier dir alle Ideen, die dir hierzu einfallen, schlaf ein paar Nächte darüber und entscheide dann, welchen Schritt du (als Erstes) unternehmen möchtest.

ICH PACKE MEINEN KOFFER UND NEHME MIT …

Jedes Lebewesen hat seine Bedürfnisse. Damit es wachsen und gedeihen kann, müssen diese Bedürfnisse so gut wie möglich erfüllt sein.

Nehmen wir zum Beispiel eine Pflanze. Um in die Höhe zu streben, braucht sie ausreichend Wasser und Licht. Ist nicht genug Wasser vorhanden, kann sie nicht austreiben und vertrocknet allmählich. Fehlt ihr das Licht, erhält sie keine Energie und wird verkümmern.

Genau wie Pflanzen haben auch wir Menschen bestimmte Bedürfnisse; Notwendigkeiten, die wir zum Leben und Überleben brauchen. Wir alle wissen, dass wir uns ausreichend bewegen, ausgewogen essen und genug schlafen müssen, um gesund und fit zu sein. Aber wir haben auch emotionale oder soziale Bedürfnisse.

Gut für dich selbst zu sorgen betrifft daher immer auch die Frage, wie du mit deinen Gedanken und Gefühlen umgehst, welche Ansprüche du an dich stellst und wie die Beziehungen zu deinen Mitmenschen gestaltet sind.

Ein liebevoller Umgang mit dir selbst kann daher auf verschiedenen Ebenen stattfinden:

1

WAS TREIBT MICH AN?

Je besser du dich kennenlernst, desto mehr Verständnis kannst du dafür aufbringen, warum du so denkst, fühlst und handelst, wie du es tust. Ein bewusster Umgang mit deinen Überzeugungen und Ansprüchen hilft dir, unnötigen Ballast abzuwerfen, Stress zu reduzieren, Schuldgefühle abzulegen und Frieden mit deiner Vergangenheit zu schließen.

2

BIN ICH EMOTIONAL IM LOT?

Auch deine Emotionen bedürfen deiner liebevollen Zuwendung. Sei es, um Unzufriedenheit zu erkennen und einen besseren Umgang mit deinen Gefühlen zu erlernen, aber auch, um dich mit Mitgefühl und Nachsicht zu behandeln sowie für ausreichend Freude und Genuss zu sorgen.

3

BIN ICH LIEBEVOLL EINGEBETTET IN MEIN UMFELD?

Gut zu dir selbst zu sein bedeutet auch, die Beziehungen zu den Menschen zu pflegen, die dir wichtig sind. Ebenso kann es bedeuten, mit Einsamkeit umzugehen oder dich vor schädlichen Vergleichen zu schützen.

4

KOMMEN MIR MEIN LEBEN UND HANDELN SINNHAFT VOR?

Wenn du herausfindest, was dir wichtig ist, worin du einen Sinn siehst und was du benötigst, um glücklich zu sein, kannst du dein Leben nach deinen Vorstellungen gestalten. Dadurch wirst du nicht nur unabhängig von der Meinung anderer. In dem Moment, indem du anfängst, du selbst zu sein, nimmst du deinen Platz in der Welt ein und kannst wahre Erfüllung finden.

»Sich selbst
zu lieben
ist der Beginn
einer
lebenslangen
Romanze.«

OSCAR WILDE
(IRISCHER SCHRIFTSTELLER UND DANDY)

DIE REISE BEGINNT

Jeder dieser vier Fragestellungen und Ebenen ist ein eigener Abschnitt dieses Buchs gewidmet. Darin stecken die wichtigsten Bausteine für dich, um die Beziehung zu dir aufzunehmen und liebevoll zu gestalten.

Darüber hinaus habe ich zahlreiche konkrete Tipps, Übungen und Anregungen zusammengestellt, wie du ab sofort fürsorglicher mit dir umgehen kannst. Nicht alles davon wird für dich funktionieren. Nicht alles davon wirst du brauchen. Manches setzt du vielleicht eh schon um und anderes trifft nicht auf dich zu. Such dir daher die Ansätze heraus, die zu deiner Lebenssituation passen und am besten für dich funktionieren.

Da sich auch deine Fähigkeiten und Herausforderungen über die Zeit verändern werden, kannst du später immer wieder zurückkehren, um dich einem neuen Bereich zuzuwenden. Je häufiger du die Inhalte dieses Buchs wiederholst, desto besser. So geraten sie im Trubel des Alltags nicht in Vergessenheit. Außerdem werde ich immer wieder Fragen stellen, um dich zum Nachdenken zu motivieren. Setz dich aktiv mit den Gedanken und Anregungen auseinander, denn nur so können die Worte nachklingen und einen bleibenden Unterschied bewirken.

Leg dir am besten ein kleines Notizbuch bereit, um die wichtigsten Gedanken, Erkenntnisse und Tipps darin festzuhalten. Vielleicht möchtest du die besten Inspirationen auch auf kleine Zettel schreiben und in einem schönen Gefäß sammeln, um dich jede Woche mit einer neuen Idee zu überraschen?

Bereit? Dann geht es jetzt los. Dein neues Leben wartet schon darauf, von dir erschaffen zu werden.

Dein Weg zu dir

Je besser du dich kennenlernst, desto eher kannst du dir ein Leben erschaffen, das zu dir passt und das dich erfüllt. Ein Leben, in dem du hinderliche Überzeugungen abgelegt hast und frei vom Ballast der Vergangenheit deine Ziele verfolgst.

WER BIN ICH UND WIE WILL ICH LEBEN?

Wenn wir uns nicht die Zeit nehmen, Fragen wie diese zu beantworten, wachen wir vielleicht eines Tages auf und stellen fest, dass wir uns verrannt haben.

Dann realisieren wir, dass wir in Jobs gelandet sind, die wir nicht ausstehen können, die Liebe in unserer Partnerschaft reiner Gewohnheit gewichen ist und wir nichts von dem gemacht haben, was wir uns ursprünglich vorgenommen hatten. Es ist der Punkt erreicht, an dem uns klar wird, dass die Jahre ins Land gezogen sind, ohne, dass wir sie bewusst mit unseren persönlichen Zielen, mit Freude und Leben gefüllt haben.

Wenn wir sicherstellen wollen, dass wir auf Kurs bleiben, müssen wir uns gezielt die Zeit nehmen, um über uns und unser Leben zu reflektieren.

ERKENNE DICH SELBST

Fragen, um herauszufinden, wie es dir jetzt gerade geht:

- Wie geht es mir gerade?
- Was fühle ich?
- Welche Gedanken gehen mir durch den Kopf?
- Bin ich glücklich?

- Warum tue ich, was ich tue?
- Wofür bin ich am meisten dankbar?
- Was stört mich in meinem Leben am allermeisten? Was könnte ich tun, um es zu verändern?
- Bin ich noch auf dem richtigen Weg?
- Was hat mich mein Leben bis jetzt gelehrt? Welche Erkenntnisse habe ich gewonnen? Welche Fähigkeiten erlernt?

Fragen, um deine Wünsche und Ziele zu entdecken:

- Was würde ich tun, wenn ich ab heute nicht mehr arbeiten gehen müsste?
- Wie sieht mein idealer Tag aus?
- In welcher Umgebung fühle ich mich wohl?
- Was war die beste Entscheidung, die ich je getroffen habe?
- Wenn mir eine Fee drei Wünsche erfüllen würde, was würde ich mir wünschen?
- Was will ich im Leben gemacht, gesehen, erlebt haben?
- Was bereue ich, nicht getan zu haben? Was kann ich daraus für die Zukunft mitnehmen?
- Auf welches Leben müsste ich zurückblicken, um zufrieden sterben zu können?
- Was würde ich tun, wenn ich nicht scheitern könnte?
- Was würde ich tun, wenn ich auf niemanden Rücksicht nehmen müsste?
- Mit wem würde ich gerne tauschen und warum?
- Was würde ich tun, wenn Geld keine Rolle spielt?
- Was macht mich glücklich?
- Woran sollen sich die Menschen erinnern, wenn ich nicht mehr da bin?

EINEN ORT DER STILLE FINDEN

Manchmal fällt es außerhalb der gewohnten Umgebung leichter, Gedanken und Gefühle zu sortieren oder über wichtige Entscheidungen nachzudenken. Suche dir dazu einen Ort, der Ruhe und Besinnlichkeit ausstrahlt, zum Beispiel einen stillen See, den Fuß eines großen Baumes, eine Kirche oder ein Kloster.

TRAUE DICH UND SIEH HIN

Es ist nicht immer einfach auszuhalten, was sich in unseren Köpfen und Herzen abspielt. Möglicherweise empfindest du Trauer darüber, wie dein Leben bislang verlaufen ist, oder bist enttäuscht, dass sich deine Wünsche nicht realisiert haben. Vielleicht empfindest du Wut wegen bestimmter Situationen aus deiner Vergangenheit oder machst dir Vorwürfe, Chancen nicht besser genutzt zu haben.

Das ist in Ordnung. Du darfst enttäuscht sein, genauso wie du zufrieden sein darfst. Unzufrieden zu sein heißt nicht, dass du versagt hast. Nicht immer entwickeln sich die Dinge nach unseren Vorstellungen und es ist nur normal, auch auf Enttäuschungen und Misserfolge zurückzublicken.

»Man sieht oft etwas hundert Mal, tausend Mal, ehe man es zum allerersten Mal wirklich sieht.«
CHRISTIAN MORGENSTERN
(DICHTER UND PHILOSOPH)

Nimm das Bild so an, wie es sich vor deinen Augen entfaltet, denn dadurch erfährst du mehr über dich. Es nützt dir nichts, dich selbst anzulügen, Probleme herunterzuspielen, Schmerzen zu verharmlosen oder deine Wünsche zu relativieren. Es geht nicht darum, dich zu beweisen. Es geht nicht darum, besser zu sein als andere.

Dies ist kein Test und du darfst dir Fehler erlauben. Alles, worum es geht, ist, wahrhaft hinzuschauen und ehrlich zu dir selbst zu sein. Nur so kannst du aus vergangenen Fehlern lernen, die Weichen neu stellen und dem Leben deiner Träume ein großes Stück näher kommen.

DEAR DIARY...

Tagebuchschreiben ist eine einfache und effektive Möglichkeit, um dich selbst besser kennenzulernen und neue Einsichten zu gewinnen.

Wann immer wir aufschreiben, was uns beschäftigt, belastet oder glücklich macht, setzen wir uns mit uns selbst auseinander. Verwirrende Sachverhalte werden besser verständlich, wenn die Gedanken sortiert und in eine sinnvolle Reihenfolge gebracht werden. Auch emotional belastende Erlebnisse lassen sich schreibend besser verarbeiten, weil die Gedanken und Gefühle zur Ruhe kommen und mit einigem Abstand betrachtet werden können.

Nimm dir die Zeit, dich selbst richtig kennenzulernen, und du wirst erstaunt sein, was alles in dir steckt. Eigenschaften, die dich zum Schmunzeln bringen, Ziele, die dir zu groß zur Verwirklichung erscheinen, und Stärken, von denen du nicht geglaubt hättest, dass sie existieren. Deine Persönlichkeit ist ein einzigartiger Schatz, der von dir geborgen werden möchte.

DIE MACHT MEINER GEDANKEN

Wir können viel über uns lernen und unser Leben nachhaltig verändern, indem wir unseren Gedanken mehr Aufmerksamkeit schenken.

Denn unsere Gedanken spiegeln nicht nur wider, mit welchen Annahmen wir durchs Leben gehen. Sie bestimmen, wie wir uns fühlen, wie wir auftreten und was wir tun.

MEINE GEDANKEN, MEINE GEFÜHLE

Hast du dich schon mal gefragt, warum du so fühlst, wie du fühlst? Meist glauben wir, dass unsere Emotionen durch äußere Umstände und andere Menschen verursacht werden. Jemand verhält sich ungerecht und wir werden wütend: Die Freundin sagt eine Verabredung ab und wir sind traurig. Wir hören ein Knacken in der Dunkelheit und bekommen Angst. Aber ganz so einfach ist es nicht. Denn zwischen den Ereignissen in unserer Umwelt und unseren Gefühlen steht eine Komponente, die die Qualität unserer Gefühle vollkommen verändern kann: unsere Gedanken!

Warum reagieren wir denn mit Wut, wenn uns jemand ein Taxi vor der Nase wegschnappt? Meist ist das so, weil wir denken, dass dieser Mensch sich uns überlegen fühlt und mit

Absicht rücksichtslos handelt. Was aber, wenn wir den Gedanken hätten, dass es sich um einen besorgten Familienvater handelt, der zu seiner kranken Tochter ins Krankenhaus eilt? Wären wir dann noch immer wütend oder hätten wir nicht viel eher Mitgefühl und würden ihm das Beste wünschen? Die Situation ist die gleiche und dennoch empfinden wir anders.

»Das, was jemand von sich selbst denkt,
bestimmt sein Schicksal!«
MARK TWAIN (SCHRIFTSTELLER UND SOZIALKRITIKER)

Mit welchen Gefühlen wir in einer bestimmten Situation reagieren, hat immer damit zu tun, wie wir über die Situation denken. Unterschiedliche Gedanken können unterschiedliche Gefühle und Reaktionen hervorrufen. Wir »müssen« nicht mit Trauer, Angst, Wut oder Freude reagieren. Stattdessen haben wir in jeder Lebenslage die Möglichkeit, jede Emotion zu verspüren, denn unsere Gedanken sind vollkommen frei. Niemand kann uns dazu zwingen, einen bestimmten Gedanken zu haben.

Allerdings haben sich einige von uns über die Jahre bestimmte negative Denkmuster angewöhnt, die weitreichende Konsequenzen für unser Wohlbefinden haben.

BIN ICH DAS, WAS ICH VON MIR DENKE?

Nur weil wir etwas denken, ist es noch lange nicht wahr! Wir können davon überzeugt sein, dass der Mann uns mit Absicht das Taxi weggeschnappt hat, aber womöglich hat er uns gar nicht gesehen. Was wir in unserem Kopf haben, hat nicht notgedrungen mit der Realität zu tun. Und doch erleben wir unsere Gedanken oft als Wirklichkeit. Wir denken, dass wir faul sind, und fühlen uns wie die größten Versager. Wir glauben daran, weil wir unseren Gedanken glauben. So können wir auch davon überzeugt sein, dass wir zu dick, zu hässlich, zu dumm und zu verkehrt für diese Welt sind. Wir können glauben, dass uns niemals jemand lieben wird, dass wir es nicht verdient haben, glücklich zu sein, oder dass wir es nicht wert sind, etwas Gutes zu erleben.

Und das hat weitreichende Konsequenzen, denn es gibt kaum etwas Mächtigeres als einen Gedanken. Wenn wir nur stark genug an etwas glauben, kann das Unmögliche möglich gemacht werden. Alle Errungenschaften, über die wir heute verfügen, wurden eines Tages erdacht. Sie existieren, weil irgendjemand glaubte, dass es möglich sei.

Genauso, wie der Glaube das Unmögliche möglich machen kann, kann er jedoch auch das Mögliche unmöglich machen. Es ist unser Glaube, nicht gut genug zu sein, der uns davon abhält, unseren Schwarm anzusprechen, eine Gehaltserhöhung einzufordern, unsere Traumwohnung zu mieten oder Gesangsunterricht zu nehmen.

Was wir denken beeinflusst also auch, wie wir anderen Menschen gegenübertreten, welche Chancen wir ergreifen, welche Ziele wir erreichen, ja sogar, ob wir uns überhaupt welche setzen.

Theoretisch haben wir die Möglichkeit in jeder Situation jeden Gedanken zu denken. Doch praktisch greifen wir meist auf das zurück, was wir schon kennen. Aussagen, die wir wiederholt hören, prägen sich ein. Wir übernehmen sie und gehen fortan mit der entsprechenden Überzeugung durchs Leben.

Welche dieser Überzeugungen kommen dir bekannt vor?

- Ich bin nicht gut genug.
- Ich bin nicht liebenswert.
- Ich gehöre nicht dazu.
- Ich muss gehorchen, spuren, funktionieren.
- Ich darf nicht laut sein.
- Egal was ich mache, nie ist es richtig.
- Niemand mag mich.
- Ich darf mich nicht so wichtig nehmen.
- Ich bin eine Last.
- Ich muss mich zusammenreißen.
- Da muss ich allein durch.
- Ich bin falsch. Mit mir stimmt was nicht.

INSPIRIERENDE GEDANKEN SAMMELN

Gedanken sind überaus machtvoll, deswegen ist es sinnvoll, sich mit unterstützenden und hilfreichen Gedanken zu umgeben. Wann immer du auf ein inspirierendes Zitat, ein schönes Kompliment, eine aufbauende Äußerung oder einen hilfreichen, unterstützenden Gedanken stößt, halt ihn fest. Sammle all diese Gedanken in deinem Notizbuch, erstell eine Collage, hefte sie an deine Pinnwand, rahm sie ein oder verteil sie auf Klebezetteln in deiner Wohnung. Umgib dich mit Gedanken, die dir guttun, die dir helfen und dich stärken, um zur besten Version deines Selbst zu werden.

WIE FREI BIN ICH EIGENTLICH?

Vieles von dem, was wir heute über uns denken, ist darauf zurückzuführen, was wir im Laufe unseres Lebens immer wieder über uns gehört haben. Als kleine Kinder haben wir durch die Worte und Reaktionen unserer Eltern gelernt, wie wir sein müssen, um ihnen zu gefallen, und richten unser Verhalten entsprechend aus. Um Kritik und Strafe zuvorzukommen, haben wir ihre Gebote verinnerlicht und sie zu unseren gemacht. Dann heißt es nicht länger »Papa möchte, dass ich mich zusammenreiße«, sondern »Ich muss mich zusammenreißen«.

Ein Glaubenssatz ist geboren. Das heißt, eine Annahme darüber, wie die Welt funktioniert und wie wir uns in ihr zu verhalten haben. Von nun an achten wir darauf, diese Regel nicht wieder zu brechen. Wann immer wir in eine entsprechende Situation geraten, erinnert uns die Stimme in unserem Kopf daran, uns zusammenzureißen, nicht zu weinen und bloß keine Schwäche zu zeigen. So haben wir es schließlich gelernt. Daran halten wir auch noch fest, wenn Papa nicht mehr da ist.

»Das Glück deines Lebens hängt von der Beschaffenheit deiner Gedanken ab.«

MARC AUREL
(RÖMISCHER KAISER UND STOIKER)

Genau darin liegt aber ein großes Problem. Wenn wir uns nicht bewusst mit unseren Überzeugungen auseinandersetzen, kann es sein, dass die Gebote unserer Kindheit auch noch dann unser Denken und Verhalten bestimmen, wenn wir längst unsere eigenen Regeln aufstellen könnten.

Wer in seiner Kindheit ständig dazu aufgefordert wurde, bescheiden zu sein und im Hintergrund zu bleiben, wird auch als Erwachsene noch Angst davor haben, sich zu zeigen. Sie wird sich weiterhin zurücknehmen und nichts unternehmen, um Aufmerksamkeit zu erregen. Sie wird sich lieber schlecht behandeln lassen, als einmal für sich einzustehen, und Chancen ungenutzt vorbeigehen lassen, statt etwas einzufordern, was ihr zusteht.

RAUS AUS ALTEN MUSTERN!

Auf diese Weise können uns verstaubte Überzeugungen bei der Erreichung unserer Ziele im Weg stehen. Sie halten uns in immer gleichen Routinen und Gewohnheiten gefangen, ohne dass wir einmal hinterfragt haben, ob das, was von uns verlangt wurde, wirklich sinnvoll ist oder das, was uns gesagt wurde, der Wahrheit entspricht. Frag dich einmal:

- Welche Glaubenssätze bestimmen dein Verhalten und wo hast du aufgeschnappt, dass du so sein solltest?
- Welche der Regeln, an die du dich seit Jahrzehnten hältst, sind längst nicht mehr aktuell oder waren noch nie richtig?
- Welche Glaubenssätze helfen dir dabei, deine Ziele zu verwirklichen, und welche stehen dir eher im Weg?
- Falls sie dir im Weg stehen, welchen Schaden richten diese Glaubenssätze an? Wovon halten sie dich möglicherweise ab?

<u>ÜBUNG:</u> ***Selbstzweifel überwinden***

Mithilfe der folgenden zwei Schritte kannst du Abschied von veralteten Glaubenssätzen nehmen:
1. Distanzier dich von deinen Gedanken.
Statt zu denken: »Ich bin faul!«, sag dir lieber: »Ich habe den Gedanken, dass ich faul bin«. Denn sobald du einen Gedanken als solchen bezeichnest, gehst du auf Distanz und identifizierst dich nicht länger blindlings mit ihm. Dadurch stellst du klar, dass ein Gedanke nur ein Vorschlag deines Geistes ist; eine Idee unter vielen, an der etwas dran sein kann oder auch nicht. Denselben Effekt kannst du erreichen, wenn du der Stimme in deinem Kopf einen Namen gibst. Wann immer sie dir einreden möchte, dass du etwas nicht machen kannst, erinnere dich daran, dass das mal wieder nur Petunias Meinung ist. »Petunia findet, dass mich das Kleid fett aussehen lässt.« Soll sie doch. Ist schließlich nicht das erste Mal, dass sie dir mit ihrem lästigen Geschwätz auf die Nerven geht. Es bleibt dir überlassen, ob du ihr zustimmst, sie ignorierst oder in die Schranken weist.
2. Hinterfrag deine Gedanken.
Sobald du Distanz zu deinen Gedanken hergestellt hast, bist du in der Lage, sie auf ihren Wahrheitsgehalt hin zu prüfen. Viele Gedanken tendieren dazu, maßlos übertrieben zu sein. Um sie zu relativieren, musst du dich daher weder anlügen noch austricksen. Du musst nichts schönreden und nichts unterdrücken. Überprüf lediglich, ob sie der Realität standhalten, mithilfe der folgenden drei Fragen:

- *»Ist das wirklich so?« Gibt es Beweise für die Annahmen?*
- *»Was spricht dagegen?« Könnte man es auch anders sehen?*
- *»Wie könnte eine realistischere Einschätzung aussehen?«*

WAS TUN MEINE GEDANKEN FÜR MICH?

Wer es gewohnt ist, negativ zu denken, dem fällt es oft schwer zu unterscheiden, welche seiner Gedanken der Wirklichkeit entsprechen und welche überzogen sind. Wenn du unsicher bist, reicht oft eine einzige Frage: »Tut mir der Gedanke gut?« Frag dich, ob das, was du denkst, dazu führt, dass du dich gut fühlst, selbstsicher bist und deine Ziele verwirklichen kannst, oder ob es dazu beiträgt, dass du dich schlecht fühlst, dir nichts zutraust und dich lieber vor der Welt verstecken willst? Ist Letzteres der Fall: Weg damit, denn Gedanken sollten sich immer lohnen.

Die Grenzen in deinem Kopf werden zu den Grenzen in deinem Leben. Denn deine Gedanken bestimmen maßgeblich, wie dein weiteres Leben verläuft. Du allein entscheidest, was für dich möglich ist, indem du anfängst, daran zu glauben.

»Wenn wir an unsere Stärke glauben,
so werden wir täglich stärker!«
MAHATMA GANDHI (PAZIFIST UND REVOLUTIONÄR)

Unterschätz nie die Macht eines Gedankens. Einmal gesät kann er Träume zerstören oder Berge versetzen, dein Selbstwertgefühl schädigen oder dein Selbstbild bestärken.

Prüf daher sehr sorgfältig, welche Gedanken du mit dir herumträgst. Alles, was dich in irgendeiner Form abwertet oder einschränkt, gehört ausgemistet. Wenn du das konsequent übst, wirst du schnell erkennen, dass du viel klüger, attraktiver und liebenswürdiger bist, als du es jemals gedacht hättest.

GUT IST GUT GENUG

Wir alle werden von unterschiedlichen Dingen angetrieben: von Bedürfnissen, Hoffnungen und Werten, aber auch von den Erwartungen anderer an uns.

Ob wir glauben, besonders viel arbeiten und leisten zu müssen, oder meinen, uns keine Schwäche erlauben zu dürfen: Wir verinnerlichen, was wir in der Kindheit immer wieder zu hören oder vorgelebt bekommen haben, und lassen zu, dass diese Überzeugungen unser Handeln motivieren. Manchmal in einem Ausmaß, das uns weitaus mehr schadet als nutzt.

ICH DARF AUCH SCHWACH SEIN

Wenn du früher immer wieder gehört hast, dass du die Zähne zusammenbeißen, dich zusammenreißen und Haltung bewahren sollst, wirst du vermutlich noch heute versuchen, stets beherrscht zu sein und keine Schwäche zu zeigen.

Es ist nicht verkehrt, stark sein zu wollen, doch wird es fahrlässig, wenn du dir deswegen jede Unterstützung versagst.

Du musst nicht alles selbst schaffen und manche Probleme lassen sich allein nicht lösen. Es ist ein Zeichen von Selbstliebe, seine Grenzen wahrzunehmen und nach ihnen zu handeln. Manchmal bedeutet das, sich einzugestehen, dass man allein nicht weiterkommt. Auch wenn es unangenehm sein kann, vor anderen zuzugeben, dass man am Ende seiner Kräfte ist, nur so kann man die benötigte Hilfe erhalten.

Unterstützung durch unsere Mitmenschen zu erfahren ist eine der größten Ressourcen, über die wir verfügen. Nutz diese Kraftquelle.

Statt dir weiterhin pausenlos Stärke abzuverlangen, darfst du dir das Folgende entgegenhalten:

- Ich darf offen sein und mich zeigen!
- Gefühle zu zeigen macht mich stark!
- Ich kann um Hilfe bitten, ohne mein Gesicht zu verlieren!
- Ich darf auch mal schwach und verletzlich sein!

RAUS AUS DER PERFEKTIONISMUSFALLE

Wenn du als Kind stets dazu angehalten wurdest, bloß gründlich und nicht schlampig zu sein, wenn du nur für makellose Arbeiten gelobt, für Fehler aber immer kritisiert oder bestraft wurdest, versuchst du wahrscheinlich noch heute, jede dir gestellte Aufgabe so gründlich wie möglich zu erledigen. »Mach bloß keine Fehler!« und »Ich bin noch nicht gut genug!« sind die Überzeugungen, die dich leiten.

So löblich der Vorsatz auch ist, gründlich sein zu wollen, das Streben nach Perfektionismus ist ein Fass ohne Boden. Denn was auch immer du tust, es wird nie gut genug sein, weil Perfektion ein an sich unerreichbares Ideal ist.

Du kannst daher gar nicht anders, als an diesem Anspruch zu scheitern, und zuvor machst du dir dein Leben nur unnötig schwer. Denn wer ständig versucht, perfekt zu sein, leidet dauerhaft unter körperlicher Anspannung, negativem Stress und hat Angst zu versagen.

Hinzu kommt eine permanente Unzufriedenheit über die eigenen Leistungen, denn es könnte schließlich immer noch besser sein. Wenn du jederzeit Perfektion von dir verlangst, kannst du nicht die Erfahrung machen, dass du auch mit deinen Schwächen ein wertvoller Mensch bist. So wirst du dich nie vollkommen annehmen können. Vergiss daher Perfektionismus und erinnere dich bei gelegentlichen Anflügen an die folgenden Gegenargumente:

- Gut ist gut genug!
- Ich bin gut genug!
- Ich darf auch Fehler machen und aus ihnen lernen!
- Ich bin wertvoll und liebenswert, selbst wenn ich weniger als 100 Prozent gebe!
- Ich bin vor allem wertvoll durch das, was ich bin!

DEINE BEDÜRFNISSE ZÄHLEN

Wenn du dazu erzogen wurdest, immer freundlich zu sein und dich anzupassen, wenn du gelernt hast, dass Harmonie wichtiger ist, als die eigenen Interessen durchzusetzen, und Streit um jeden Preis zu vermeiden ist, verbiegst du dich womöglich noch heute, um es allen stets recht zu machen.

Dann wird es dir schwerfallen, für dich einzustehen. Nein zu sagen ist ein Ding der Unmöglichkeit. Schließlich fühlst du dich für alle verantwortlich, willst niemanden vor den Kopf stoßen und keinen belasten. Lieber belastest du dich selbst und stellst deine Bedürfnisse hintenan. Doch damit zeigst du dir und anderen jeden Tag aufs Neue, dass es okay ist, dich weniger wichtig zu nehmen. Wenn du dauerhaft schlecht mit dir umgehst, lädst du dein Umfeld unbewusst ein, es dir gleichzutun. Denn warum sollten dich andere wertschätzen, wenn du es selbst nicht tust? Warum sollten sie gut zu dir sein, wenn du dich selbst vernachlässigst? Das permanente Aufreiben zwischen den Erwartungen anderer führt daher nicht nur zu Stress und dem Gefühl, weniger wert zu sein. Es macht auch Tür und Tor frei, um von anderen ausgenutzt zu werden, und kann einen Teufelskreis aus Mobbing und sinkendem Selbstwertgefühl heraufbeschwören.

Wenn du dazu neigst, das Wohlergehen aller vor dein eigenes zu stellen, erinnere dich selbst mit den folgenden Worten immer wieder:

- Meine Bedürfnisse und Wünsche sind ebenso wichtig!
- Ich darf mich anderen zumuten – andere tun's ja auch!
- Ich muss nicht bei allen beliebt sein!
- Ich habe das Recht, Nein zu sagen!
- Ich darf mich ebenso wichtig nehmen wie andere!

ÜBUNG: ***So lernst du, Nein zu sagen***

Um für dich einzustehen, musst du in der Lage sein Nein zu sagen und abzulehnen, was du nicht machen willst oder kannst.

- *Bleib freundlich und sag klar und eindeutig »Nein!«.*
- *Falls du dich das noch nicht traust, starte mit: »Ich überleg es mir!« oder »Ich muss erst in meinen Kalender schauen!«. So gewinnst du Zeit, kannst dir eine Erklärung zurechtlegen, Mut schöpfen und beim nächsten Mal aktiv verneinen.*
- *Wenn du möchtest, kannst du kurz erklären, warum du Nein sagst (zum Beispiel: »Das wird mir zu viel« oder »Da habe ich schon etwas vor«). Rechtfertige dich aber nicht. Es ist dein gutes Recht, Nein zu sagen.*
- *Biete gegebenenfalls eine Alternative an: Vielleicht fällt dir jemand ein, an den sich der Bittsteller wenden kann, oder du erklärst dich bereit dazu, die Aufgabe an einem anderen Tag beziehungsweise zu einem Teil zu übernehmen.*
- *Bleib bei deiner Aussage und lass dich nicht durch böse Blicke oder lange Reden umstimmen.*

Übe das Neinsagen zu Hause vor dem Spiegel oder im Rollenspiel mit einer Freundin. Experimentier mit Tonlagen und Gesten und find heraus, wann es sich für dich gut anfühlt.

Hinterfrag die Ansprüche, die du an dich stellst. Motivieren sie dich, dein Bestes zu geben, oder dominieren sie deinen Alltag und schränken dich ein? Wenn sie mehr Stress als Freude auslösen, gib dir die Erlaubnis, weniger zu geben.

IN MEINER RUHE LIEGT MEINE KRAFT

Kannst du dich noch an das letzte Mal erinnern, als du nicht irgendwo sein musstest oder irgendetwas Bestimmtes zu tun hattest?

Wie lange ist das her? Wochen? Monate? Vielleicht sogar Jahre? In der heutigen Zeit hat sich das Tempo ständig erhöht. Wir hetzen von einem Termin zum nächsten und erledigen stets mehrere Dinge auf einmal, ohne jemals wirklich zur Ruhe zu kommen. Zwischen Familie, Beruf, Sport, Haushalt und Kindern bleibt keine Minute des Tages unverplant. Stress ist für viele ein normaler Bestandteil des Alltags geworden.

Diese Warnzeichen deuten auf Erschöpfung hin:

- Du hast nahezu täglich Rückenschmerzen, Bauchschmerzen, Kopfschmerzen, Sodbrennen oder andere körperliche Beschwerden.
- Du schläfst schlecht und kannst dich tagsüber kaum konzentrieren.
- Du fühlst dich überarbeitet.
- Du bist dauerhaft gestresst.
- Du bist gereizt und reagierst anderen gegenüber schnell schroff.

- Du kommst selten bis nie zur Ruhe.
- Du hast das Gefühl, nur noch zu funktionieren.
- Du fühlst dich matt und erschöpft.
- Du bist häufig krank.

Sollten mehrere Warnzeichen auf dich zutreffen, ist es höchste Zeit, dir eine Auszeit zu nehmen.

EINE AUSZEIT NEHMEN

Wir alle sehnen uns hin und wieder danach, allen Verpflichtungen den Rücken zu kehren und einfach mal wieder nur für uns zu sein. Zeit zu haben, über die wir frei verfügen können, ganz ohne beruflichen, privaten oder familiären Stress.

Heute schon eine Pause gemacht? Selbst Mikropausen von wenigen Minuten steigern nachweislich Wohlbefinden und Leistungsfähigkeit. Steh kurz auf, vertritt dir die Füße, blick in die Ferne, iss oder trink etwas, hör dir einen Song an, reck und streck dich und kehr dann zu deiner Tätigkeit zurück.

Solche Auszeiten geben uns die Möglichkeit durchzuatmen, wieder in unsere Mitte zu finden und mit neuer Energie in die Betriebsamkeit zurückzukehren. Gönn dir diese Auszeiten. Sie sind kein Luxus, sondern eine Lebensnotwendigkeit. Darum hab kein schlechtes Gewissen, wenn du die Tür hinter dir schließt, um für eine halbe Stunde allein zu sein. Auch wenn es sich komisch anfühlt. Auch wenn es anfangs Überwindung kosten mag. Du wirst dich danach besser fühlen. Und davon werden letztlich auch deine Mitmenschen am meisten profitieren.

Damit du jederzeit in den Genuss der Entspannung kommen kannst, ist es wichtig, ein paar Methoden zu kennen, um den Stresskreislauf zu durchbrechen, in Kontakt mit dir selbst zu kommen und frische Kraft zu tanken.

Hier ein paar bewährte Favoriten zum Relaxen und Wohlfühlen, die nichts kosten und einfach umzusetzen sind.

MEDITATION

Mithilfe gezielter Achtsamkeits- und Konzentrationsübungen trägt Meditation wirkungsvoll zur Entspannung bei. Die Basis besteht darin, sich auf den eigenen Atem (oder einen anderen gedanklichen Anker) zu fokussieren und aufkommende Gedanken oder Gefühle achtsam wahrzunehmen.

Wissenschaftliche Studien zeigen, dass sich regelmäßiges Meditieren positiv auf die Gesundheit auswirken und Angst und depressive Symptome lindern kann. Darüber hinaus scheint es die Gehirnaktivität zu verbessern, Gelassenheit, Bewusstheit und Konzentration zu fördern und stressresistenter zu machen. Bereits zehn Minuten am Tag genügen, damit du bei regelmäßigem Üben von den Vorteilen profitierst.

FANTASIEREISEN

Du liegst oder sitzt in einer Ruheposition und hörst dir eine Geschichte an, zu der du dir innere Bilder ausmalst. Die Erzählungen führen dich an wunderbare Orte und sind so angelegt, dass sie alle fünf Sinne ansprechen. Dadurch wird eine tiefe seelisch-körperliche Entspannung ausgelöst. Typische Fantasiereisen handeln von Abendstimmungen am Meer, der Stille des Waldes oder einem Spaziergang durch eine verschneite Winterlandschaft.

BEWEGUNG

Bei Anspannung rauschen zahlreiche Stresshormone durch den Körper, die neben Entspannungsmethoden auch durch Bewegung hervorragend abgebaut werden können. Schon ein ausgedehnter Spaziergang oder eine halbe Stunde auf der Yogamatte können ausreichen, um die angestaute Energie zu reduzieren und zur Ruhe zu kommen.

MALEN

Die Arbeit mit Stiften, Pinseln und Farben regt die Kreativität an und wirkt entspannend. Dadurch, dass wir uns auf Farben und Formen konzentrieren, treten andere Gedanken in den Hintergrund und das Gehirn kann abschalten. Malen und auch Ausmalen schaffen somit eine Pause von ständiger Reizüberflutung und sind gleichzeitig eine wunderbare Möglichkeit, sich ein Stück Kindheitsglück zurückzuerobern. Im Buchhandel gibt es zahlreiche hochwertige Malbücher, auch für Erwachsene, mit den verschiedensten Motiven. Lass dich inspirieren.

KLASSISCHE MUSIK

Bereits auf dem Sofa oder dem Bett zu liegen und die Beine hochzulegen wirkt entspannend. Studien zufolge lässt sich das Zur-Ruhe-Kommen jedoch noch einmal wesentlich steigern, wenn du dazu klassische Musik hörst. Insbesondere Werken von Johann Sebastian Bach, Wolfgang Amadeus Mozart und Johann Strauss wird zudem ein wohltuender Effekt auf die Gesundheit bescheinigt. So sollen durch das Hören ihrer Kompositionen Herzfrequenz und Blutdruck gesenkt, die Atmung beruhigt und Stresshormone reduziert werden. Schalt im Radio einfach den Klassiksender ein und lausch.

MIT DER VERGANGENHEIT FRIEDEN SCHLIESSEN

Es ist schon erstaunlich, wie viel Ballast wir mit uns herumschleppen in Form einer schweren Kindheit, eines tragischen Unfalls oder einer langen Krankheit.

Garantiert hast auch du schon die ein oder andere persönliche Krise durchgemacht, eine gescheiterte Beziehung oder einen Misserfolg wegstecken müssen. Es gab vielleicht Menschen in deinem Leben, die dich betrogen oder schlecht behandelt haben. Und dann sind da noch die Fehler, die du selbst begangen hast. All die Entscheidungen, die dich in die Irre geleitet haben. All die Menschen, die du vielleicht durch unüberlegte Worte oder Handlungen verletzt hast.

Jeder von uns hat sein Päckchen zu tragen. Daran können wir jetzt auch nichts mehr ändern. All das Unrecht, das wir erleiden mussten und das wir selbst verursacht haben, wir können es nicht mehr ungeschehen machen. Aber wir können dafür sorgen, dass es uns nicht auch noch den Rest unseres Lebens plagt und verfolgt. Denn das Vergangene hat eine gute Eigenschaft: Es ist vergangen. Es kann uns nichts mehr anhaben und deshalb muss uns auch nichts mehr quälen. Doch dafür müssen wir das Erlebte loslassen und Frieden mit unseren Schuldgefühlen und belastenden Erlebnissen schließen.

»Lass los, was dich runterzieht.
Dann können dich deine Flügel tragen!«
KATHARINA TEMPEL

SICH VON VERGANGENEM ENTLASTEN

Viel zu oft halten wir jedoch an vergangenen Krisen und Kränkungen fest. Wir kreisen gedanklich fortwährend um ein belastendes Erlebnis, weswegen wir auch weiterhin den damit verbundenen Kummer und Schmerz spüren. Das kann Kopfschmerzen, Schlafstörungen und Konzentrationsprobleme und andere unangenehme Symptome verursachen, wodurch es uns noch schlechter geht. Nehmen Verzweiflung, Scham, Wut oder Angst überhand, können auch eine Alkohol- oder Medikamentenabhängigkeit ebenso wie Depressionen oder Angststörungen die Folge sein.

Mach dir hier klar, dass du, solange du Belastungen aus der Vergangenheit nicht loslässt, immer freiwillig an einer Situation festhältst, die dir körperlich und seelisch schadet. Keiner zwingt dich dazu!

Wir verharren in einer selbst auferlegten Gefangenschaft, obwohl die Türen zu unserer Zelle längst weit geöffnet sind. Das tun wir in aller Regel nicht bewusst. Unbewusst aber kann es verschiedene Gründe geben:

- Möglicherweise ist die Verletzung bereits zu einem festen Bestandteil der Persönlichkeit geworden, über den wir uns definieren. Wer aber sind wir ohne diese Erfahrung?
- So schmerzhaft das belastende Ereignis auch sein mag: Oft ernten wir dafür Mitleid und Sympathie. Vielleicht sind uns die mitfühlenden Bekundungen so lieb geworden, dass wir nicht mehr auf sie verzichten wollen.
- Belastende Erfahrungen bieten auch einen gewissen Schutz. Wir können sie immer wieder als Rechtfertigung heranziehen, wenn etwas nicht so laufen sollte, wie wir uns das vorgestellt haben.
- Manchmal fürchten wir uns auch davor, mit dem Loslassen des negativen Erlebnisses all die positiven Erinnerungen zu verlieren, die daran geknüpft sein könnten.
- Nicht zuletzt bedeutet loszulassen, dass wir etwas verlieren. Wir verabschieden uns von einer Situation und Erinnerung. Selbst wenn diese schlecht war, handelt es sich dennoch um einen Verlust, der eine Lücke hinterlässt, mit der wir erst einmal nicht umzugehen wissen.

ÜBUNG: **So lernst du loszulassen**

Wenn du dich in der einen oder anderen Begründung wiedergefunden hast, prüf, ob sich dieses Verhalten für dich lohnt oder ob du bereit bist loszulassen:

- *Führ dir vor Augen, wovor du Angst hast: Was passiert deiner Befürchtung nach, wenn du loslässt? Was macht dir daran Angst? Sind deine Ängste begründet?*
- *Mach dir bewusst, welche negativen Auswirkungen das Festhalten an dem vergangenen Erlebnis auf dein jetziges Leben hat: Schreib auf, in welchen Bereichen dich das Geschehen beeinflusst, welche körperlichen und seelischen Beeinträchtigungen es verursacht und wie es dich in deinem Leben einschränkt.*
- *Überleg dir, welche positiven Folgen das Loslassen haben könnte: Was gewinnst du, wenn du loslässt? Wie könnte dein Leben aussehen, wenn du nicht weiter an dem traumatischen Erlebnis festhältst? Schreib zum Beispiel einen längeren Text darüber, wie dein Leben in einem Jahr aussehen könnte, wenn es dir gelungen ist loszulassen. Wie lebst du? Wie verbringst du deinen Alltag? Wie fühlst du dich?*
- *Entscheide dich bewusst, loslassen zu wollen: Loszulassen bedeutet im Grunde nichts weiter, als zu entscheiden, dass das Vergangene dich von nun an nicht mehr belasten soll. Wann immer deine Gedanken doch wieder zu dem Erlebnis schweifen, erinnere dich daran, dass du damit abgeschlossen hast. Sag dir: »STOPP. Ich bin bereit loszulassen« und blick nach vorn. Überleg dir: Wie soll dein Leben nun weitergehen? Wie möchtest du von nun an sein?*

»Ganz gleich,
wie beschwerlich
das Gestern war,
stets kannst du
im Heute von Neuem
beginnen.«

SIDDHARTA GAUTAMA
(BEGRÜNDER DES BUDDHISMUS)

Das Vergangene loszulassen bedeutet nicht, zu verdrängen oder zu leugnen, was gewesen ist. Es bedeutet, die Vergangenheit als Teil deiner Lebensgeschichte zu akzeptieren und gleichzeitig bereit zu sein, eine neue Geschichte zu schreiben. Was gewesen ist, hat dich zu dem Menschen gemacht, der du heute bist.

Aber du allein entscheidest, welcher Mensch du morgen sein möchtest. Hier und heute kannst du die Weichen dafür stellen.

FEHLER SIND HELFER IM LEBEN

Wir alle machen etwas falsch und scheitern manchmal. Und das ist durchaus sinnvoll. Denn es hilft uns dazuzulernen. Durch Fehler machen wir wertvolle Erfahrungen. Wir lernen uns selbst besser kennen und gewinnen Verständnis dafür, was uns wichtig ist und was wir zum Leben brauchen.

Unser Scheitern zeigt uns, zu was wir fähig sind – im Guten wie im Schlechten. Fehlern haftet daher zu Unrecht ein negatives Image an. Sieh es mal so: All der Schmerz und das Leid, die du in der Vergangenheit durch vermeintliche Fehler erfahren hast, waren vielleicht notwendig, damit du der Mensch werden konntest, der du heute bist.

Überleg einmal, was du durch deine vergangenen Fehler gewonnen haben könntest:

- Was hast du dadurch gelernt/erfahren?
- Welche positiven Aspekte haben sich daraus (vielleicht auch später) entwickelt?
- Welche Menschen hast du dadurch kennengelernt?
- Welche Möglichkeiten haben sich dadurch ergeben?
- Wie hast du dich dadurch verändert?

Stellt man die Buchstaben des Wortes »FEHLER« um, ergibt sich daraus das Wort »HELFER«. Nichts anderes sind Fehler. Sie helfen uns dabei, besser zu werden und dazuzulernen. Sie helfen uns zu verstehen. Sie helfen uns, die beste Version unseres Selbst zu werden und unser schönstes Leben zu führen. Es sind tatsächlich die unangenehmen Situationen, die das meiste Weiterentwicklungspotenzial bieten.

- Wenn du nicht erst etwas Falsches gelernt/studiert hättest, wie hättest du dann herausfinden sollen, was du wirklich willst?
- Hättest du nicht wiederholt bei der Partnerwahl danebengegriffen, wie hättest du herausfinden sollen, was dir in einer Beziehung wirklich wichtig ist?
- Und hättest du dich nicht vernachlässigt und erschöpft, wie hättest du dann zu einem gesünderen und achtsameren Leben finden können?

LEARNING BY DOING

Die wenigsten Menschen begehen absichtlich Fehler. Wenn wir etwas Dummes tun, dann meist, weil wir es zu diesem Zeitpunkt nicht besser wussten oder konnten. Vielleicht war uns die Tragweite einer Entscheidung nicht bewusst oder wir haben sie nicht ernst genommen.

Du kannst einem Kind hundertmal sagen, dass es nicht auf die heiße Herdplatte fassen soll. Manchmal muss es trotzdem auf eine fassen, um die Konsequenzen am eigenen Leib zu spüren und festzustellen, dass diese Handlung nur wehtut.

Blick einmal auf dein Leben zurück und deine vermeintlichen Fehler. Ist es nicht möglich, dass du es damals so gut gemacht hast, wie du eben konntest? Natürlich wäre es schön, wenn du all das, was du heute weißt, schon vorher gewusst hättest. Aber wer kann das schon ernsthaft von sich behaupten? Wir alle müssen unseren Platz in der Welt erst finden. Wir alle müssen unsere Grenzen erst austesten und Lehrgeld bezahlen. Genau deswegen sind wir doch hier: um zu lernen.

Wir sollten uns daher nicht dafür verurteilen, etwas nicht auf Anhieb geschafft, gewusst oder richtig gemacht zu haben. Das Einzige, was wir tun können, ist, aus Fehlern zu lernen und sicherzustellen, dass wir sie kein zweites Mal begehen.

Wenn du an deine vergangenen Fehler denkst:

- Wie kam es zu ihnen? Welche Ursachen könnten dafür verantwortlich gewesen sein?
- Was kannst du tun, damit diese Fehler nicht mehr passieren? Was könntest oder müsstest du anders machen?

VERZEIHE DIR!

Was gewesen ist, lässt sich nicht ändern. So sehr wir uns das auch wünschen mögen. Niemand kann die Zeit zurückdrehen. Aber wir können hier und heute von Neuem beginnen.

DIESEN STRESS TUE ICH MIR NICHT MEHR AN

- Vorgeben, jemand zu sein, der ich nicht bin
- Perfekt sein zu wollen
- Mich für Fehler aus der Vergangenheit zu bestrafen
- Zu glauben, ich müsste alle zufriedenstellen
- Mich schlecht zu fühlen, weil ich nicht meinem Ideal entspreche
- Mich ständig zur Eile zu drängen
- Ein schlechtes Gewissen zu haben, wenn ich mich entspanne
- Mich zu kritisieren, wenn mir etwas misslingt

Darum verzeih dir für alles, was du in der Vergangenheit falsch gemacht hast. Verzeih dir für die Fehler, die du begangen hast. Verzeih dir für all das, was du bereust getan oder nicht getan zu haben. Verzeih dir für all die Dinge, die dir Schuldgefühle bereiten. Verzeih dir dafür, nicht so perfekt zu sein, wie du es gerne wärst. Du bist ein Mensch. Du gibst dein Bestes. Und das ist genug! Verzweifle nicht länger über das, was gewesen ist, sondern konzentrier dich darauf, was du jetzt tun kannst, um eine glücklichere Zukunft zu gestalten.

»Ich zerstöre die Brücken hinter mir …
Dann gibt es keine andere Wahl, als vorwärtszugehen.«
FRIDTJOF NANSEN (POLARFORSCHER)

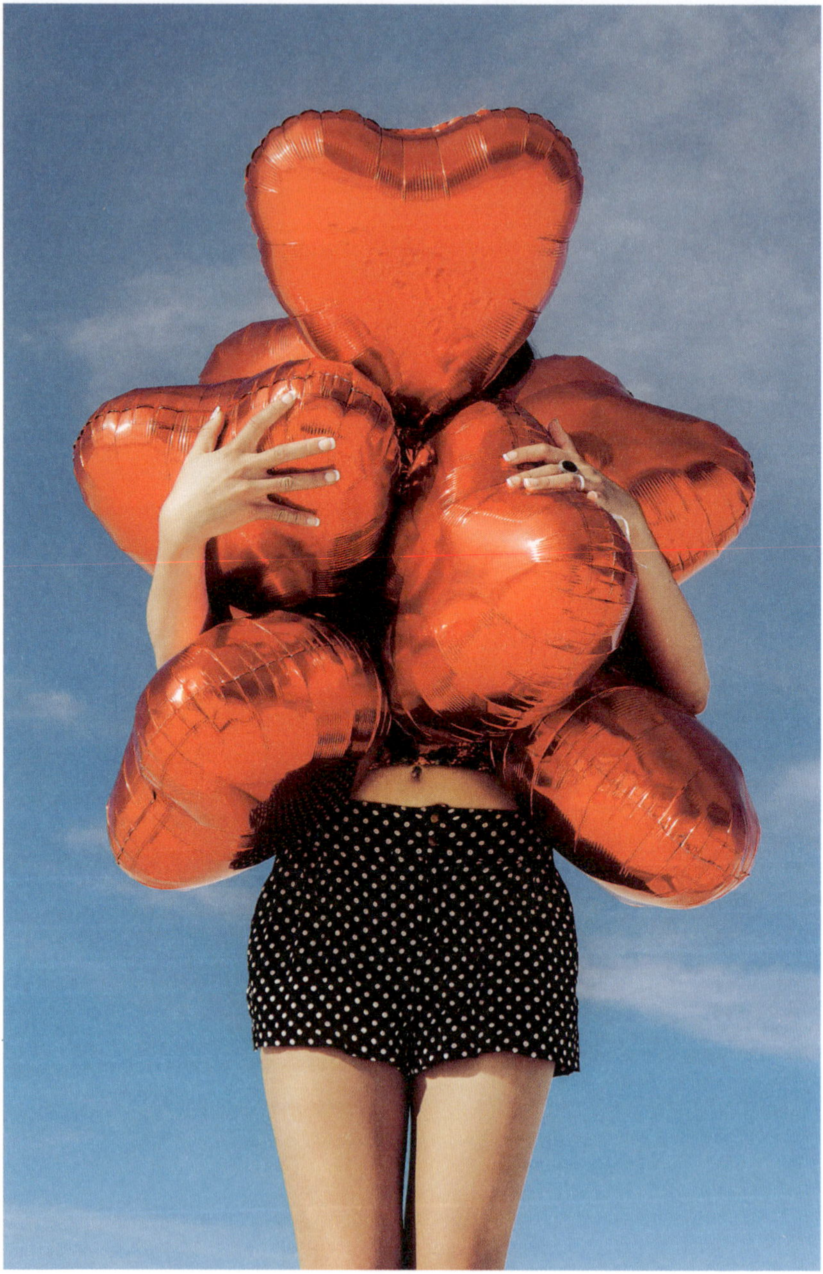

Große Gefühle

Wenn wir unsere seelische Verfassung nicht genug beachten, ist die Gefahr nicht nur groß, unzufrieden zu werden, sondern auch im fortwährenden Kampf mit den eigenen Gefühlen zu stehen. Wie wir mit uns auf emotionaler Ebene umgehen, entscheidet ganz maßgeblich darüber, ob unser Lebensweg zu Glück und Erfüllung führen kann.

DIE STIMME MEINER SEELE

Wie unser Körper kann auch unsere Seele gesundheitlichen Schwankungen unterliegen – je nachdem, welchen Belastungen wir ausgesetzt sind und über welche Kraftquellen wir verfügen.

Psychische Beschwerden zählen heute zu den häufigsten Ursachen von Fehlzeiten am Arbeitsplatz. Insbesondere Angststörungen und Depressionen machen vielen Menschen schwer zu schaffen. Doch seelisches Leid äußert sich auf vielfältige Weise. Wie geht es dir?

- Bist du vielleicht schon seit längerer Zeit unglücklich?
- Stört dich vielleicht etwas in deinem Leben, das du aber nicht genau benennen kannst?
- Hast du aktuell vielleicht mit großen Belastungen zu kämpfen, steckst in einer Krise und weißt nicht, wie es für dich weitergehen soll?

UNZUFRIEDENHEIT IST EIN SIGNAL

Das Gefühl des Unwohlseins kann verschiedene Ursachen haben und oft ist es gar nicht so leicht zu benennen, womit wir unzufrieden sind und was genau stört. Manchmal ist da nicht viel mehr als ein diffuses Gefühl, dass etwas im Leben nicht rundläuft. Wir empfinden dann vielleicht eine innere Distanz zu unserem Job oder zu Menschen in unserem Umfeld. Wir spüren, dass uns etwas zu unserem Glück fehlt, nur wissen wir nicht, was. Wir tragen eine Sehnsucht nach mehr in uns, ohne sagen zu können, wonach wir genau verlangen.

Verzag nicht, wenn es dir gerade so gehen sollte, denn Unzufriedenheit ist nicht verkehrt. Im Gegenteil: Sie ist ein hilfreiches Gefühl. Wie ein Warnsignal zeigt sie uns, dass unser Leben in Schieflage geraten ist und Handlungsbedarf besteht. Unsere Aufgabe ist es, die Augen nicht zu verschließen.

Viele Menschen tun jedoch das genaue Gegenteil. Sie lenken sich ab und halten sich beschäftigt, um ja nicht zu bemerken, was in ihrem Inneren vorgeht. Mehr noch: Sie fürchten sich vor sich selbst und davor, was zutage treten könnte, wenn sie wirklich hinsehen würden.

Aber warum sollten wir uns vor uns selbst fürchten? All die Gedanken und Gefühle gehören zu uns. All unser Schmerz, unsere Ängste, unsere Sorgen geben wertvolle Hinweise darauf, was uns wirklich wichtig ist.

ÜBUNG: ***Wie gefällt mir mein Leben?***

- *Nimm Zettel und Stift zur Hand und zeichne ein großes Tortendiagramm mit acht Tortenstücken.*
- *Weis nun den verschiedenen Abschnitten einzelne Bereiche deines Lebens zu, die für dich von Bedeutung sind (zum Beispiel Partnerschaft & Familie, Hobbys & Freunde, Gesundheit, Beruf, Ordnung & Finanzen, Umfeld & Wohnung, Weiterbildung und Zeit für mich). Pass die Kategorien auf deine persönliche Situation an. Wenn es weniger als acht sein sollten ist das auch in Ordnung.*
- *Zeichne unter das Diagramm zwei Spalten ein. Die linke Spalte erhält die Überschrift: »Das stört mich«. Über die rechte Spalte schreibst du: »Das kann ich ändern«.*
- *Halt nun fest, wie zufrieden oder unzufrieden du mit dem jeweiligen Bereich deines Lebens bist, indem du die Tortenstücke mit einer Farbe deiner Wahl ausfüllst. Je voller ein Tortenstück, desto zufriedener bist du hier.*
- *Überleg für die Abschnitte, die du nicht ganz ausgefüllt hast, womit du in diesem Bereich unzufrieden bist, und halt das in der linken Spalte deiner Tabelle fest. Dort könnte dann zum Beispiel unter »Beruf« stehen »Ich fühle mich unterfordert« oder beim Bereich »Umfeld & Wohnung« »Die Wohnung ist zu klein«.*
- *Anhand dieser Übersicht kannst du jetzt konkrete Pläne schmieden. Was kannst du gegen die Störfaktoren unternehmen? Mit welchen Maßnahmen könntest du dich bei der Arbeit mehr herausfordern oder neuen Platz in deiner Wohnung schaffen? Halt alle Ideen, die dir in den Kopf kommen in der rechten Spalte fest.*

Auf diese Weise kannst du klar erkennen, wie zufrieden du mit deinen verschiedenen Lebensbereichen bist und was du gegen die Störfaktoren unternehmen kannst.
Übrigens: Wenn du diese Übung regelmäßig durchführst, zum Beispiel zwei- bis viermal pro Jahr, kannst du sehr gut verfolgen, was sich in den einzelnen Bereichen verändert hat und welche Maßnahmen dich zufriedengestellt haben.

WIE DIE SEELE AUF DEN KÖRPER WIRKT

Phasen der Unzufriedenheit sind normaler Bestandteil des Lebens. Kein Mensch auf der Welt ist dauerhaft glücklich und niemand fühlt sich pausenlos wohl.

Dennoch können wir uns die eigene Unzufriedenheit häufig nicht eingestehen. Wir erwarten von uns zu funktionieren, ignorieren die Schmerzen unserer Seele oder betäuben sie mit Alkohol und Medikamenten. Wir »reißen uns zusammen« und »stellen uns nicht so an«. Und solange wir damit einigermaßen durchs Leben kommen, schenken wir uns keine weitere Aufmerksamkeit.

Unsere psychischen Beschwerden können wir lange ignorieren. Problematisch wird es erst, wenn der Körper nicht mehr mitspielt, denn physisch spürbare Krankheiten zwingen uns zum Handeln. Wer ständig von Infekten geplagt wird, dauerhaft ein durchdringendes Klingeln im Ohr hört oder unter so starken Kopfschmerzen leidet, dass er sich bei der Arbeit nicht mehr konzentrieren kann, muss etwas unternehmen.

Genau aus diesem Grund verschaffen sich seelische Probleme früher oder später meist über körperliche Symptome Gehör. Dann schlägt der seelische Schmerz plötzlich auf den

Magen, der Dauerstress treibt den Blutdruck in die Höhe, die psychische Anspannung führt zu Muskelschmerzen und die Unzufriedenheit äußert sich in einem geschwächten Immunsystem.

»Willst du den Körper heilen,
musst du zuerst die Seele heilen.«
PLATON (ANTIKER GRIECHISCHER PHILOSOPH)

Psychosomatische Erkrankungen werden all jene körperlichen Erkrankungen genannt, die durch seelische Belastungen hervorgerufen oder maßgeblich in ihrem Verlauf beeinflusst wurden. Das Wort »Psychosomatik« ist eine Zusammensetzung der altgriechischen Wörter »Psyche« für Seele und »Soma« für Körper.

Betroffene können dann unter körperlichen Symptomen leiden, für die es keinen organischen Grund gibt. Dennoch sind die Beschwerden nicht eingebildet. Da Körper und Seele immer eine Einheit bilden, kann die Psyche den Organismus beeinflussen, genau wie der Zustand des Körpers seinerseits auf die Seele wirken kann.

Wenn private oder berufliche Konflikte, Unzufriedenheit, Anspannung und Druck die Seele belasten, kann dadurch das Gleichgewicht im autonomen Nervensystem nachhaltig verändert werden. Läuft die Regulation aus dem Ruder, können so gut wie alle Organe in Mitleidenschaft gezogen werden. Die Bandbreite der Krankheiten reicht daher von Atemproblemen über chronische Schmerzen, Herzrasen, Magen- und Darmbeschwerden, Rückenschmerzen und Schwindel bis hin zum Tinnitus.

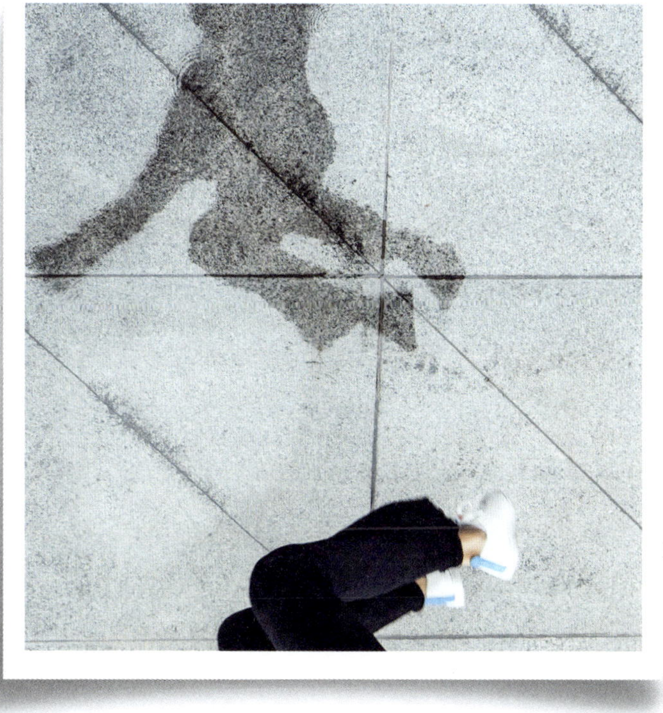

RUNDUM GESUND

Wie es uns psychisch geht, kann also unmittelbare Auswirkungen darauf haben, wie es körperlich um uns bestellt ist.

Zahlreiche wissenschaftliche Studien liefern Hinweise darauf, dass glückliche und zufriedene Menschen seltener an Herzinfarkten, Infekten, Diabetes, Depressionen und zahlreichen weiteren, zum Teil schwer behandelbaren Erkrankungen leiden. Diese Forschungsarbeiten deuten darauf hin, dass eine optimistische und positive Lebenseinstellung das Immunsystem stärkt und die Lebensdauer verlängert. Es gibt sogar Belege dafür, dass unser seelisches Befinden einen Einfluss auf unsere Blutwerte haben kann: Paare, die sich gut verstehen, verfügen demnach über deutlich bessere Blutwerte als solche, bei denen es kriselt.

Wenn du in letzter Zeit immer wieder krank bist, bestimmte Symptome ständig mit dir herumschleppst oder an etwas leidest, für das dein Arzt keine Erklärung hat, lohnt es sich, einen Blick auf dein Seelenleben zu werfen.

Nimm dir etwas Zeit und frag dich:

- Was geht da vor, das dich so anfällig für Beschwerden macht?
- Welche Belastungen hast du bisher ignoriert oder unterdrückt?
- Was hast du versucht wegzuschieben, was sich jetzt mit aller Kraft in den Vordergrund drängt?

Ignorier die Schmerzen deiner Seele nicht. Sie sind ebenso real wie deine körperlichen Beschwerden und genau wie diese haben sie deine fürsorgliche Zuwendung verdient.

MIT KLEINEN SCHRITTEN ZUM ZIEL

Wer unzufrieden mit sich und seinem Leben ist, möchte irgendwann am liebsten von heute auf morgen alles ändern. Doch je umfangreicher das Vorhaben, desto größer die Angst vor dem Scheitern und desto höher die Hürde, um ins Handeln zu kommen.

Besser ist es, in kleinen Schritten zu denken und sich kleine machbare Ziele zu setzen. Dazwischen sollten auch immer Pausen zum Erholen und Durchatmen liegen. Beim Reisen macht man es nicht anders. Wenn dein Ziel weit entfernt ist, planst du deine Reise in vielen Teilabschnitten. So bleibt der Weg überschaubar, du kannst dich an den Zwischenstopps erholen und neue Kraft für die restliche Wegstrecke schöpfen. Wenn du also vor einer größeren Herausforderung stehst, an die du dich schon seit Monaten nicht herantraust, definier Teilziele, indem du dir überlegst, wie die nächsten Schritte aussehen könnten: Statt sofort deinen Job zu kündigen, setz ein Suchprofil bei einer Jobbörse auf, besuch einen Tag der offenen Tür, recherchier im Internet, lass neue Bewerbungsfotos machen oder entwirf ein Anschreiben. Träumst du davon, einmal in den USA zu leben, aktualisier deinen Pass, unternimm eine Urlaubsreise dorthin, ermittle die Einreisebedingungen und lies dir Erfahrungsberichte erfolgreicher Auswanderungen durch.

Jeder gemeisterte Schritt nimmt dir die Angst vor dem großen Ziel und jeder Erfolg spornt dich an, einen weiteren Schritt zu gehen, der dein Leben besser und erfüllter macht. Gleichzeitig kannst du deinen Fortschritt jederzeit verfolgen. Ein Misserfolg muss dann nicht vorschnell zur Aufgabe führen, weil du klar vor Augen siehst, wie weit du schon gekommen bist.

»Da es sehr förderlich für die Gesundheit ist, habe ich beschlossen, glücklich zu sein.«

VOLTAIRE (FRANZÖSISCHER PHILOSOPH UND REVOLUTIONÄR)

GEFÜHLE – ES IST KOMPLIZIERT

Gut für sich selbst zu sorgen heißt auch, liebevoll mit den eigenen Gefühlen umzugehen. Doch leider stehen wir mit unseren Gefühlen häufig auf Kriegsfuß und verurteilen uns dafür, so zu empfinden, wie wir es tun.

GIBT ES »NEGATIVE« GEFÜHLE?

Zugegeben: Bei Angst, Trauer, Neid, Wut oder Scham handelt es sich nicht unbedingt um angenehme Gefühle. Doch nur weil wir bestimmte Emotionen nicht gerne empfinden, macht sie das noch lange nicht schlecht oder falsch. Alle Gefühle sind wertvoll, denn sie alle haben eine Funktion. Sie machen uns auf wichtige Umstände aufmerksam, ermöglichen, dass wir uns schneller an Situationen anpassen können, und weisen uns auf bedeutsame Ziele hin.

- Ärger kann dazu führen, die eigenen Bedürfnisse zu erkennen und selbstbewusst vor anderen zu vertreten. Werden wir beispielsweise von unserem Partner wiederholt versetzt, ist es der Ärger, der uns dazu bringt, eine klare Ansage zu machen, um Respekt einzufordern.
- Trauer zeigt uns immer, dass wir etwas oder einen Menschen verloren haben, der uns am Herzen lag. Lassen wir

diese Emotion zu, hilft sie uns, den schmerzlichen Verlust zu verarbeiten, ihn loszulassen und letztlich wieder Frieden zu finden.

- Angst kann einen dazu veranlassen, Sicherheitsvorkehrungen zu treffen und sich nicht unüberlegt in kritische Situationen zu begeben. Gleichzeitig wird die nötige Energie bereitgestellt, um kurzzeitig Höchstleistungen zu vollbringen und Gefahrensituationen besser bewältigen zu können.
- Neid weist auf persönlich bedeutsame Ziele hin. Er zeigt uns, dass wir uns irgendwo benachteiligt fühlen, und kann als Ansporn dazu dienen, die Situation zu verbessern.

Wir werden verlassen und ungerecht behandelt, wir scheitern, haben Zukunftssorgen und verlieren geliebte Menschen. Es ist nur natürlich, darauf mit Trauer, Wut oder Angst zu reagieren. Mehr noch, es ist sehr wichtig, diese Emotionen zu fühlen, denn sie helfen uns, besser zurechtzukommen.

Alles, was wir nicht denken, fühlen oder sehen möchten, kommt irgendwann mit aller Macht zurück. Wir können deshalb zur Flasche greifen, um unsere Angst zu betäuben, aber sobald der Pegel sinkt, kehrt die Emotion mit Macht zurück. Wir können uns in Arbeit stürzen, um unsere Wut nicht länger zu spüren, doch brodelt diese einfach unter der Oberfläche weiter, bis wir irgendwann die Nerven verlieren. Wir können uns mit anderen Menschen ablenken, um unsere Trauer nicht wahrzunehmen, doch bleiben wir so vielleicht viel länger in diesem Gefühl verhaftet, als wenn wir es von Anfang an zugelassen hätten. Jede Emotion hat ihre Berechtigung und es gibt keine, die wir verdrängen oder vermeiden müssten.

BIN ICH DANN NICHT AUSGELIEFERT?

Wenn man sich davor fürchtet, Gefühle zuzulassen, steht dahinter oft die Angst, sich dadurch als Persönlichkeit zu verändern. Dann heißt es vielleicht: »Ich kann diese Wut nicht zulassen, denn ich möchte auf keinen Fall so werden wie mein Vater!« Oder: »Wenn ich es zulasse, so zu empfinden, dann macht mich das zu einem schlechten Menschen!«

Etwas zu fühlen heißt jedoch noch lange nicht, danach zu handeln. Wie oft hast du im Streit mit deinem Partner schon mal daran gedacht, es ihm heimzuzahlen? Und wie oft hast du es tatsächlich getan? Wie oft hast du dich einsam und vernachlässigt gefühlt und wie oft hast du dich dann sofort in die Arme eines anderen geflüchtet?

Wir alle haben mitunter Gedanken oder Gefühle, die nicht schön und zum Teil sogar extrem sein können, zum Beispiel Gedanken daran, andere Menschen zu verletzen oder das eigene Leben zu beenden. Das bedeutet noch lange nicht, dass wir diese Ideen in die Tat umsetzen. Etwas zu denken oder zu fühlen ist also etwas völlig anderes als danach zu handeln und es definiert uns nicht als Menschen.

Niemand ist immer nur freundlich, immer nur heiter oder immer nur wütend. Wir alle zeichnen uns durch viele verschiedene Eigenschaften aus. Selbst die freundlichsten Zeitgenossen können in bestimmten Situationen wütend werden. Dadurch werden sie nicht andere Menschen. Dadurch sind sie einfach nur facettenreiche Persönlichkeiten mit einer reichhaltigen Gefühlswelt. Und genau das macht uns doch spannend.

DAS PÄCKCHEN ANNEHMEN

Gerade Menschen, die ihre Emotionen über Jahre hinweg kontrollieren, trauen sich oft nicht, ihre Angst, ihre Traurigkeit, ihre Wut oder Scham zuzulassen, weil sie fürchten, dann vollständig von diesen überwältigt zu werden.

Das Gegenteil ist jedoch der Fall: Erst wenn wir unsere Gefühle annehmen und sie nicht länger unterdrücken, machen wir den Weg frei, damit sie weiterziehen können.

Schau dir einmal ein Kind an: Es kann binnen eines Tages Trauer, Angst, Wut, Freude, Dankbarkeit, Liebe und zahlreiche weitere Emotionen empfinden, und das für jeden sichtbar. Innerhalb von fünf Minuten kann es zwischen Lachen und Weinen umschalten. Ein Kind ist nicht dauerhaft gestresst, angespannt, wütend oder traurig. Wenn ein Gefühl da ist, lässt es dieses zu. Es weint, wenn ihm danach ist, und es schreit, wenn es das will. Und wenn es gut ist, lässt es das Gefühl wieder los.

Wir Erwachsenen aber haben oft eine solche Angst vor unseren Emotionen entwickelt, dass wir entweder versuchen, sie auf Teufel komm raus zu vermeiden, oder krampfhaft an ihnen festhalten und sie dadurch am Weiterziehen hindern. So kann aus einer anfänglich sinnvollen Wut, etwa über eine Ungerechtigkeit, eine langfristig schwelende Grundverstimmtheit werden, die sich auf alle Bereiche des Lebens überträgt.

Gefühle wollen angenommen, sie wollen gesehen werden. Wie kleine Postboten klingeln sie wiederholt an unserer Tür, bis wir ihnen endlich aufmachen und annehmen, was sie uns zu übergeben haben. Sobald wir das tun, ist ihre Arbeit erledigt und sie ziehen weiter.

Erlaube dir daher anzunehmen, was ist. Auch wenn es unangenehm ist. Auch wenn es wehtut. Akzeptier, dass ein Gefühl da ist, und überleg, worauf es dich hinweisen will.

- Was ist seine Botschaft?
- Was will es dir sagen?
- Womit bist du unzufrieden?
- Wovor hast du Angst?
- Wieso das schlechte Gewissen?

Übung: ***Gefühle im Griff***

Mithilfe der folgenden fünf Schritte kannst du lernen, Gefühle anzunehmen und zu transformieren:

- *Das Gefühl erkennen: Schließ die Augen und konzentrier dich auf deine Empfindungen. Was fühlst du? Kannst du es klar benennen oder äußert es sich eher als Ziehen in der Brust oder als Druck in der Magengegend?*
- *Das Gefühl annehmen: Was auch immer du empfindest, es darf jetzt da sein. Aus dem Widerstand kannst du nichts verändern, aus der Akzeptanz heraus aber schon.*
- *Dem Gefühl eine Form geben: So stellst du eine Distanz zu deinem Gefühl her und wirst nicht von ihm überwältigt. Konzentrier dich dazu auf die Region, wo du das Gefühl*

spürst, und stelle dir vor, wie du mit der Hand danach greifst und es aus deinem Körper herausziehst. Betrachte es jetzt von allen Seiten. Wie sieht es aus? Welche Form hat es? Welche Farbe hat es? Riecht oder schmeckt es nach etwas Bestimmtem? Versuche, dein Gefühl mit allen Sinnen zu erfassen. Ärger könntest du dir zum Beispiel wie eine heiße, rote Kugel vorstellen, die bitter auf der Zunge schmeckt.

- *Die Botschaft erkennen: Schau dir das Gefühl auf deiner Hand noch etwas näher an. Was möchte es dir sagen? Wie lautet seine Botschaft? Du kannst dir dein Gefühl auch als kleines Männchen vorstellen, das mit dir redet. Dein rotes Kugelmännchen findet vielleicht, dass du ungerecht behandelt wurdest und mehr für dich einstehen solltest.*
- *Das Gefühl transformieren: Jetzt, wo du dein Gefühl gesehen und ihm zugehört hast, kann es weiterziehen. Du kannst diesen Prozess unterstreichen, indem du deinem Gefühl eine neue Form gibst. Vielleicht lächelt dein Männchen zufrieden oder verwandelt sich zu einem wunderschönen Diamanten. Dreh in deiner Vorstellung deine Hand einmal um und wenn du sie wieder öffnest, erstrahlt das Männchen in seiner neuen Gestalt. Setz diese veränderte Gestalt nun wieder an dieselbe Stelle in deinem Körper. Atme einmal tief durch und lass das neue Gefühl in dir ausstrahlen. Kannst du eine Veränderung spüren?*

Letzten Endes arbeiten deine Gefühle nicht gegen, sondern für dich. Erkenne sie als die Helfer an, die sie sind. Akzeptier sie als Teil von dir und freunde dich mit ihnen an, dann musst du nie wieder auch nur einen Tag gegen sie kämpfen.

SEI DIR SELBST DEIN BESTER FREUND

Stell dir vor, deine beste Freundin hätte ihren Job verloren und müsste sich arbeitslos melden. Wie würdest du reagieren? Was würdest du fühlen?

Vermutlich würde sie dir leidtun. Wahrscheinlich würdest du sie in den Arm nehmen, ihr gut zureden und versuchen, sie zu trösten. Vielleicht würdest du ihrem Chef die Schuld geben oder die Wirtschaftslage für dieses Unglück verfluchen. Aber würdest du schlechter von ihr denken? Würdest du sie für weniger klug oder liebenswert halten? Würdest du sie weniger mögen, ihr Vorwürfe machen oder sie dafür verurteilen, dass sie ihren Arbeitsplatz nicht behalten konnte?

Wahrscheinlich nicht. Aber was, wenn dieses Unglück nicht ihr, sondern dir widerfahren wäre? Was, wenn du diejenige gewesen wärst, die ihren Job verloren hätte? Wäre dein Mitgefühl dann noch das gleiche oder würde Anteilnahme in Schuldzuweisungen, Sympathie in Herabsetzung und Trost in Kritik und Bestrafung umschlagen?

Wenn du an deine vergangenen Rückschläge denkst, wie oft bist du dir in diesen Situationen freundlich und mitfühlend begegnet und wie oft hast du dich für die erlittenen Niederlagen kritisiert und verurteilt?

All das, was wir unseren besten Freunden niemals zumuten würden, tun wir uns selbst mit Leichtigkeit an. Wir kritisieren uns für die kleinsten Fehler und sehen ein Scheitern als Beweis unserer Unfähigkeit an. Wir machen uns Vorwürfe, verfluchen uns für unsere Unzulänglichkeiten und bestrafen uns, wann immer wir hinter unseren Erwartungen zurückbleiben.

Überleg einmal, wie du mit dir selbst sprichst:

- Wie oft kritisierst du dich, maßregelst dich, redest dich schlecht, verhöhnst dich und wertest dich ab?
- Blickst du auf das, was du kannst, oder stürzt du dich auf alles, was nicht gelingt?
- Wie ist dein Tonfall gegenüber dir selbst? Nachsichtig und mitfühlend oder grob und streng?
- Würdest du so mit deiner besten Freundin sprechen? Wäre sie noch deine Freundin, wenn du ihr all das an den Kopf werfen würdest, was du dir tagein, tagaus sagst?
- Würdest du wollen, dass andere so mit dir umgehen? Wenn nein, warum tust du es dir dann selbst an?

ZUR KASSE, SCHÄTZCHEN

Stell eine kleine Kasse, Dose oder Schachtel auf, in die du einen Geldbetrag zahlst, wann immer du dich bei einem negativen Gedanken oder einer negativen Äußerung über dich selbst erwischst. Sobald sich dort etwas Geld angesammelt hat, gönn dir ein schönes Erlebnis davon. Auf diese Weise kannst du noch vorhandene negative Gewohnheiten nutzen, um dir selbst Respekt und Wertschätzung zu zeigen. Gleichzeitig regt die Übung an, dir deiner Gedanken und Selbstgespräche bewusster zu werden – eine wichtige Voraussetzung, um eine liebevollere Haltung dir gegenüber zu entwickeln.

ICH FÜHLE MIT MIR

Mitgefühl ist ein einfaches Gefühl – solange es sich auf andere Personen richtet, aber eines der schwersten, wenn es um uns selbst geht. Dabei steht uns kein Mensch auf der ganzen Welt so nah wie wir. Wir haben keinen besseren Freund und keinen engeren Verbündeten als uns selbst. Dann sollten wir auch damit anfangen, uns entsprechend zu behandeln. Den Freund in uns erkennen statt den Feind und uns das gleiche Mitgefühl zuteilwerden lassen, das wir auch anderen schenken.

Mitgefühl mit dir selbst zu haben bedeutet, in schwierigen Lebenssituationen achtsam und freundlich mit dir umzugehen und dich nicht zu verurteilen. Es bedeutet, dich selbst wie deinen besten Freund oder deine beste Freundin zu behandeln. Wann immer du eine schwere Zeit durchmachst, frag dich einfach, was du denken, fühlen und sagen würdest, wenn deine beste Freundin an deiner Stelle wäre. Und dann begegne dir selbst mit dieser liebevollen, nachsichtigen und fürsorglichen Haltung.

SELBSTMITGEFÜHL IN DER PRAXIS

- Sei nach Misserfolgen besonders freundlich zu dir und rede dir gut zu.
- Behandle dich liebevoll, wenn es dir schlecht geht.
- Sei nachsichtig mit deinen Schwächen und Fehlern.
- Versuch auch die Aspekte deiner Persönlichkeit zu akzeptieren, die du weniger gut leiden kannst.
- Lass deinen Tränen freien Lauf, wenn dir nach Weinen zumute ist.
- Erlaub dir zu empfinden, wie du es gerade tust.
- Gib dir die Zeit, die du brauchst, und verlang nicht von dir, sofort wieder zu funktionieren.
- Führ dir vor Augen, dass du nicht der einzige Mensch auf der Welt bist, dem es schlecht geht oder der einen Misserfolg erlebt hat.
- Nimm die Hilfsangebote anderer Menschen an. Auch wenn sie vielleicht nicht dasselbe erlebt haben wie du, kennen sie mit Sicherheit das Gefühl und die Verzweiflung, die du gerade spürst.
- Ersetz dich selbst abwertende Gedanken und Äußerungen durch eine freundliche, wertschätzende Haltung. Zum Beispiel den Gedanken: »Nicht mal den Haushalt schaff ich« durch: »Mein Körper sendet mir klare Signale, dass ich erschöpft bin!«.

Hab Verständnis dafür, dass dir einige Dinge schwerfallen und noch kein Meister vom Himmel gefallen ist.

MITFÜHLEN IST OKAY, MITLEIDEN NICHT

Nach jedem Misserfolg oder Fehlschlag ist die Versuchung groß, der Welt den Rücken zuzukehren, sich mit einem Becher Eiscreme ins Bett zu verkrümeln und hemmungslos zu jammern und zu weinen.

Doch auch wenn das Lecken der eigenen Wunden vorübergehend tröstlich sein kann, ist es langfristig keine gute Strategie, in Selbstmitleid zu verfallen. Denn wenn wir uns selbst bemitleiden, glauben wir, besonders arm dran zu sein und es schlechter erwischt zu haben als alle anderen. Dadurch isolieren wir uns von anderen Menschen. Wir blocken ihre Hilfsangebote ab, weil wir meinen, dass niemand nachvollziehen könne, wie es uns gerade geht.

»Der hat gut reden …, dem ist ja auch noch nie … passiert«. Solche und ähnliche Gedanken tragen dazu bei, dass wir uns immer tiefer in unserem Schmerz vergraben. Bis wir irgendwann davon überzeugt sind, ganz allein zu sein.

Überleg einmal: Würdest du deiner Freundin in einer Krise sagen, dass sie wirklich der ärmste Mensch auf der Welt ist? Würdest du sagen: »Stimmt, dich hat es schlimmer erwischt als alle anderen!«? Vermutlich nicht.

Wahrscheinlich würdest du ihr eher sagen, dass bei ihr wirklich gerade sehr viel zusammengekommen ist, dass aber auch wieder bessere Zeiten anbrechen und andere Menschen sich nach vergleichbaren Erlebnissen auch wieder erholt haben.

Mitgefühl, auch das in Bezug auf uns selbst, stärkt daher das Verbundenheitsgefühl, schützt den Selbstwert (weil wir uns nicht länger für unsere Fehlschläge verurteilen) und fördert Zuversicht und Motivation. Dadurch kannst du auch in schwereren Zeiten wertvollen Halt erfahren.

ÜBUNG: **Dein Selbstmitgefühl-Quiz**

Für jede der folgenden drei Situationen ist jeweils eine abwertende, eine bemitleidende und eine mitfühlende Reaktion beschrieben. Finde nun die mitfühlende Reaktion heraus.

Situation 1: Du bemühst dich schon seit Tagen, Meditation fest in deine Morgenroutine zu etablieren, aber es will dir einfach nicht gelingen. Am Montag musste es schnell gehen, weil du verschlafen hast. Dienstag warst du dann diszipliniert dabei, aber Mittwoch war einfach nicht dein Tag. Und jetzt ist die Woche schon fast vorbei und du hast es wieder nicht hinbekommen. Wie solltest du jetzt mit dir umgehen?

- *»Wieso kann ich das nur nicht? So schwer kann das doch echt nicht sein. Millionen Menschen auf der Welt meditieren und ich krieg es nicht hin. Sogar dafür bin ich zu blöd!«*
- *»Warum muss es immer so schwer sein? Die anderen kriegen es doch auch hin… Warum kann es nicht einfach mal leicht für mich sein?«*
- *»Diese Woche hat es wirklich nicht so gut geklappt. Aber aller Anfang ist schwer und eine neue Gewohnheit etabliert sich eben nicht über Nacht. Nächste Woche werde ich einen neuen Versuch starten und dann kriege ich das schon hin.«*

Situation 2: Dir ist bei der Arbeit ein dummer Fehler passiert, weshalb sich die Abgabe eines wichtigen Projekts verzögert und alle Mitarbeiter etwas angespannt sind. Wie solltest du jetzt mit dir umgehen?

- *»Das ist wirklich schlecht gelaufen. Aber Fehler passieren jedem mal – erst recht in so einer stressigen Zeit. Ich werde zusehen, dass ich das Projekt jetzt so sorgfältig wie möglich zu Ende bringe.«*

- *»Auch das noch. War ja klar, dass mir das passieren musste. Mir wird echt nie etwas geschenkt.«*
- *»Ich kann auch nichts richtig machen. Ich bin einfach zu blöd für den Job. Ein Wunder, dass ich den noch habe.«*

Situation 3: Dich hat es übel erwischt. Du liegst mit 40 °C Fieber im Bett und fühlst dich elend. Wie solltest du mit dir umgehen?

- *»Immer ich. Warum meint es die Welt nur so schlecht mit mir? Mein Mann sagt, dass so eine Grippe doch jeden ereilen könnte, aber der hat gut reden. Er ist ja nie krank.«*
- *»Natürlich komme ich nicht ohne Grippe über den Winter. Dazu bräuchte man ja ein funktionierendes Immunsystem und nicht einmal das scheine ich zu haben. Ich tauge wirklich zu gar nichts.«*
- *»Wie ärgerlich, dass mich jetzt auch noch eine Grippe erwischt hat. Aber das gehört dazu und ich werde definitiv nicht die Einzige sein, die sich diesen Winter damit rumschlagen darf. Am besten nutze ich die Zeit, um mich mal so richtig zu erholen, viel zu schlafen, gesund zu essen, und dann bin ich sicher auch wieder schnell auf dem Damm.«*

Vielleicht hast du schon beim Lesen der verschiedenen Reaktionen gemerkt, dass sie einen ganz unterschiedlichen Nachgeschmack hinterlassen. Wann immer wir uns selbst abwerten, führt das zu einer Reihe negativer Gedanken. Die Laune verdüstert sich, das Selbstbild wird schlechter und jegliche Motivation geht verloren. Was sollten wir auch tun, wenn wir glauben, für alles zu dumm zu sein? Selbstmitleid hingegen macht Tür und Tor frei, zu jammern und zu klagen. Es führt dazu, dass wir uns immer weiter zurückziehen möchten und das Gefühl haben, ganz allein zu sein. Schließlich meinen wir, die Einzigen zu sein, die so empfinden, und schon von daher zur Einsamkeit verdammt zu sein.

Die selbstmitfühlenden Aussagen aber nehmen uns den Druck, perfekt sein zu müssen, und ermutigen uns gleichzeitig, unser Bestes zu geben. Auf diese Weise fördert Selbstmitgefühl die Lebenszufriedenheit, lässt uns optimistischer werden und trägt zu mehr emotionalem Wohlbefinden bei.

Rückschläge werden dir immer wieder begegnen. Es wird Zeiten geben, in denen du unzufrieden mit dem Erreichten bist, Fehler begehst, mit Vergangenem haderst, traurig oder verzweifelt bist. Was glaubst du, würde es mit dir machen, wenn du dir dann mit Mitgefühl begegnest? Wie würde es dein Empfinden und vielleicht sogar deine Situation verändern?

LADE DIR FREUDE UND GLÜCK INS LEBEN EIN

Ein glückliches Leben setzt sich aus vielen kleinen Momenten des Glücks zusammen. Doch wie oft erlebst du diese kleinen wundervollen Momente der Freude und Heiterkeit?

Wenn du einmal an die schönsten Erlebnisse der vergangenen Wochen und Monate denkst, welche Momente sind dir in Erinnerung geblieben? Wann hast du so richtig herzhaft gelacht, warst überschwänglich glücklich oder hattest ganz einfach eine tolle Zeit?

Wenn dir dazu kaum etwas einfällt, geht es dir nicht anders als vielen anderen Menschen. Denn leider unternehmen wir in der Regel zu wenig, um glücklich zu sein. Obwohl wir nach Glück streben, tun wir erschreckend wenig, um dieses Gefühl in unser Leben einzuladen. Wir hoffen, dass es uns von ganz allein findet, und ärgern uns, wenn dem nicht so ist. Sicher, manchmal fliegt uns das Glück einfach zu. Viel häufiger jedoch müssen wir aktiv dafür sorgen.

Woran erinnerst du dich am Ende eines Jahres? An deine gewohnte Routine oder das Konzert, das dich zu Tränen gerührt hat? Erinnerst du dich an den Alltagstrott oder den Familienausflug zum Badesee, bei dem ihr so viel gelacht habt? Es sind die besonderen Momente, die dauerhaft in Erinnerung bleiben. Warum also machen wir nicht mehr von den Dingen, die uns so offensichtlich Freude bereiten?

FOLGE DER FREUDE

Immer wieder erzählen mir Menschen, wie unglücklich sie sind. Aber gefragt danach, wann sie zuletzt etwas unternommen haben, um glücklich zu sein, verstummen sie. Dabei ist es unglaublich wichtig, dass wir immer wieder für schöne und glückliche Momente sorgen. Nicht nur für unsere Lebensqualität und unser Wohlbefinden. Auch die persönliche Entwicklung profitiert davon, denn das Erleben positiver Emotionen trägt zur Entwicklung neuer Fähigkeiten und Ressourcen bei. So kann eine Aufwärtsspirale in Gang gesetzt werden, die letztendlich in einem erfüllten Leben mündet.

»Wir dürfen niemals vergessen:
Unsere vornehmste Aufgabe ist es zu leben.«
MICHEL DE MONTAIGNE
(PHILOSOPH UND HUMANIST)

Zu tun, was uns glücklich macht, lässt uns neue Energie schöpfen und stellt somit einen ungemein wichtigen Ausgleich zu den täglichen Verpflichtungen dar.

Glückliche Momente inspirieren uns, sie zeigen uns, wie schön das Leben sein kann, und sie machen Mut, mehr zu wagen. Der Alltag kann aus so viel mehr bestehen als aus dem Abarbeiten eines täglichen Pflichtprogramms. Zu tun, was uns glücklich macht, lässt uns wieder spüren, was es heißt, lebendig zu sein.

Auch im Nachhinein können wir davon nur profitieren. Denn schöne Momente werden zu schönen Erinnerungen, von denen wir ein Leben lang zehren können. Sie helfen uns durch schwere Zeiten, stärken unseren Glauben an die Menschheit und motivieren uns dazu, unser Bestes zu geben.

Mach es daher zu deinem Lebenszweck, schöne Momente zu sammeln. Sie machen dich nicht nur in der Gegenwart glücklicher, sondern sorgen in der Summe für ein erfülltes Leben. Und wenn du irgendwann einmal alt, grau und weise auf deinem Sterbebett liegst, werden deine schönen Erinnerungen an das Leben dafür sorgen, dass du diese Welt in Frieden und Liebe verlassen kannst.

ÜBUNG: **Einfach mal wieder glücklich sein**

- *Erstell eine Liste mit all den Dingen, die dir Freude machen, die deine Augen zum Leuchten bringen und dir neue Kraft und Energie schenken.*
- *Such nach Möglichkeiten, diese Tätigkeiten in deiner Woche unterzubringen. Keine Zeit ist keine Ausrede! Du kannst einen Schal auf dem Weg zum Büro im Bus oder in der Bahn häkeln, 15 Minuten früher aufstehen, um an deiner Modelleisenbahn zu basteln, und wirst auch mit Sicherheit die Zeit finden, einmal in der Woche einen Malkurs zu belegen oder eine Tennisstunde zu nehmen.*

Nimm diese Zeit mit dir und für dich selbst genauso wichtig wie deine anderen Projekte.

»Glücklich zu sein
ist Sinn und Zweck
des Lebens,
das ganze Bestreben
und Ziel der
menschlichen
Existenz.«

ARISTOTELES (PHILOSOPH UND NATURFORSCHER)

GLÜCKLICHMACHER ZUM ABGUCKEN

- Die Lieblingsplaylist hören und dabei durchs Zimmer tanzen
- Ein Konzert besuchen
- Ein ausführlicher Sonntagsbrunch mit Freunden
- Ein Besuch im Planetarium
- Ein romantisches Candle-Light-Dinner
- Ein Spa-Tag in der Therme
- Ein Spaziergang bei strahlendem Sonnenschein
- Einem nahestehenden Menschen Zuneigung zeigen
- Ein Picknick im Grünen
- Ein Spieleabend mit Familie oder Freunden
- Stundenlang ungestört ein Buch lesen
- Sich wie Tarzan durch einen Hochseilgarten schwingen
- Singen unter der Dusche
- In alten Fotos und Erinnerungen schwelgen
- Ins Theater, in die Oper oder ins Ballett gehen
- Ein Film- oder Kinoabend mit Freunden
- Einen ganzen Tag im Bett verbringen
- Freunde zum Essen einladen
- Schlittschuhlaufen gehen
- Schneebälle werfen

AUFBRUCH IN EIN NEUES LEBEN

Gerade wenn wir traurig, überarbeitet, frustriert oder unzufrieden sind, ist es umso wichtiger, Dinge zu unternehmen, die uns glücklich machen.

Denn fast immer, wenn wir uns schlecht fühlen, ziehen wir uns zurück. Dann wollen wir nur noch allein sein, die Bettdecke über den Kopf ziehen und uns in unserem Elend suhlen.

Doch dadurch wird der Gemütszustand noch trister und das Leben noch trostloser.

Wenn du glücklich(er) werden willst, unternimm Dinge, die dich glücklich machen. Gerade wenn es dir schlecht geht. Das Erleben von Glücksmomenten kann dir als Anreiz dienen, dein Leben zu hinterfragen und wird dir gleichzeitig die notwendige Energie schenken, um deine aktuellen Probleme anzugehen. Mit jedem schönen Erlebnis wird dein Glaube daran wachsen, dass auch für dich ein glückliches Leben möglich ist.

Kritische Zeiten lassen sich so schneller überwinden, während du gleichzeitig wertvolle Ressourcen bildest, um auch in Zukunft gestärkter aus ihnen hervorzugehen.

SCHÖNE MOMENTE SAMMELN

Wann immer du etwas tust, das dich glücklich macht, halt das Erlebnis fest. Auf diese Weise kannst du mitverfolgen, wie deine Sammlung schöner Momente stetig wächst, was dich motivieren wird, für weitere Glücksmomente zu sorgen.

NOTIZBUCH

Notier all deine schönen Erlebnisse in einem liebevoll gestalteten Notizbuch und füg ein paar persönliche Zeilen hinzu. Das Heft dient dir nicht nur als Erinnerung an all die wundervollen Glücksmomente, sondern du kannst es auch als Inspirationsquelle für weitere Erlebnisse nutzen.

FOTOALBUM

Leg dir ein Fotoalbum für besondere Erlebnisse an und mach es dir zur Gewohnheit, bei jeder schönen Unternehmung mindestens ein Erinnerungsfoto zu schießen, ob es sich dabei nun um den Brunch mit Freunden, den Theaterbesuch oder den Ausflug in die Berge handelt. Diese Bilder kannst du dann in dein Album kleben, mit Datum sowie einem kleinen Text versehen und dich immer wieder darüber freuen, wenn du es durchblätterst.

SCHATZTRUHE

Bastle oder besorg dir eine hübsche Kiste, in der du alle Erinnerungen an deine schönsten Erlebnisse sammelst. Du kannst

dort Fotos von Ausflügen, Eintrittskarten von Konzerten, Armbänder von Festivals und ähnliche Erinnerungsstücke aufbewahren. Wann immer du traurig bist, öffne deine Schatztruhe und schwelg in deinen schönsten Erinnerungen.

STERNENHIMMEL

Besorg dir selbstklebende Leuchtsterne und häng für jedes schöne Erlebnis, das du dir gönnst, einen Stern an die Decke über deinem Bett. So kannst du deinem Sternenhimmel nicht nur beim Wachsen zusehen, sondern jeden Abend mit Blick auf die schönsten Erlebnisse deines Lebens einschlafen.

Wart nicht länger, dass dir das Glück in den Schoß fällt. Du allein hast in der Hand, wie sehr dein Leben voll Freude ist.

GENIESSE DEIN LEBEN IN SEINER FÜLLE

Wir haben das wunderbare Geschenk des Lebens erhalten und wurden mit allen Sinnen ausgestattet, um uns daran zu erfreuen.

Wir können den warmen Sommerregen auf unserer Haut spüren oder die Liebe, die von einer herzlichen Umarmung ausgeht. Wir können die glitzernden Sterne am Himmel betrachten, dem Gesang der Vögel lauschen und in den lieblichen Klängen von Musik versinken. Wir können die cremige Süße einer Nougatpraline schmecken und uns am Duft einer Tasse Kaffee laben. Es gibt so viel zu bestaunen und zu bewundern. Aber wie oft nehmen wir uns die Zeit dafür?

- Wann warst du zuletzt ganz im Hier und Jetzt?
- Wie lange ist es her, dass du in einer Melodie versunken bist, eine Mahlzeit wirklich geschmeckt oder dir Zeit genommen hast, etwas intensiv zu betrachten?
- Wann hast du das letzte Mal etwas bewusst genossen?

GENUSS OHNE ANSTRENGUNG?

In einer Umfrage des Marktforschungsinstituts Rheingold Salon glaubten 81 Prozent aller Teilnehmer, sie müssten sich Genuss erst durch zuvor erbrachte Leistungen verdienen. Das

Prinzip »Erst die Arbeit, dann das Vergnügen« hat sich so in unseren Köpfen festgesetzt, dass Genuss ohne Anstrengung nicht vorstellbar ist. Wir sind es gewohnt, so zu funktionieren, dass uns allein der Gedanke an Genuss falsch vorkommt.

- Aber wann kannst du es dir dann gut gehen lassen?
- Wann wirst du je »genug« geleistet haben?

Es wird nie genug sein, solange wir nicht sagen, dass es reicht. Wir müssen uns die Erlaubnis erteilen, gut zu uns selbst zu sein. Und zwar inmitten von Wäschebergen und des täglichen Chaos. Denn das Leben wird nie so perfekt oder sorgenfrei sein, wie wir es uns wünschen. Die Aufgaben werden nicht weniger und auch wir werden nicht eines Tages mit dem Gefühl aufwachen, uns jetzt genug bewiesen zu haben.

EIN GESCHENK NUR FÜR MICH

Mach dir diese Woche selbst ein Geschenk. Damit signalisierst du dir, dass du dich magst und dich wichtig genug nimmst, um dich und deine Bedürfnisse ernst zu nehmen. Damit könntest du dir diese Woche eine Freude machen:

- Einen neuen Duft kaufen
- Eine hübsche Tasse für deinen Morgenkaffee besorgen
- Eine gute Yogamatte für dein tägliches Üben bestellen
- Einen schönen Bildband erwerben
- Einen besonderen Tee besorgen
- Eine professionelle Massage buchen
- Ein Ticket für Musical, Oper, Show oder Ballett besorgen
- Ein schönes Notizheft kaufen für deine Gedanken
- Zur Mani- oder Pediküre gehen
- Ein paar kuschelige Wollsocken kaufen …

DIE KUNST LOSZULASSEN

Glückliche Momente fliegen uns nicht von allein zu. Wir müssen sie aktiv suchen. Und wenn sie da sind, müssen wir sie wahrnehmen, statt sie vergehen zu lassen, und sie auskosten, statt sie zu verschwenden. Wer genießen will, muss daher loslassen können. Wir müssen bereit sein, uns auf das Erleben einzulassen, und mit allen Sinnen im Hier und Jetzt sein.

Denn selbst das schönste Erlebnis kann sang- und klanglos an uns vorüberziehen, wenn wir ihm nicht unsere volle Aufmerksamkeit schenken.

Eine Massage kann nur dann zu einem genussvollen Erlebnis werden, wenn wir den Berührungen auf unserer Haut intensiv nachspüren, den Duft des Massageöls wahrnehmen und den entspannenden Klängen der Hintergrundmusik lauschen. Denken wir währenddessen jedoch an die Wäscheberge zu Hause, verpassen wir nicht nur einen genussvollen Augenblick, sondern berauben uns auch der Möglichkeit, im Nachhinein von diesem Erlebnis zu zehren.

EIN QUELL FORTWÄHRENDER FREUDE

Etwas bewusst zu genießen sorgt nicht nur unmittelbar während des Erlebens für positive Gefühle. Bereits das Hinfiebern auf ein genussvolles Ereignis macht die Wartezeit angenehmer und steigert die Freude während der Erfahrung genauso wie hinterher.

Auch im Nachhinein können wir von genussvollen Momenten profitieren, denn die Erinnerung an ein schönes Ereignis genügt, um die ursprünglich empfundenen guten Gefühle hervorzurufen. So können wir immer wieder in den Genuss der Leichtigkeit und der Freude kommen. Wer wahrhaft genießen kann, wird also im Vorfeld, während des genussvollen Moments und im Nachhinein mit positiven Emotionen belohnt.

»Die Welt gehört dem, der sie genießt.«
GIACOMO LEOPARDI
(ITALIENISCHER DICHTER UND ESSAYIST)

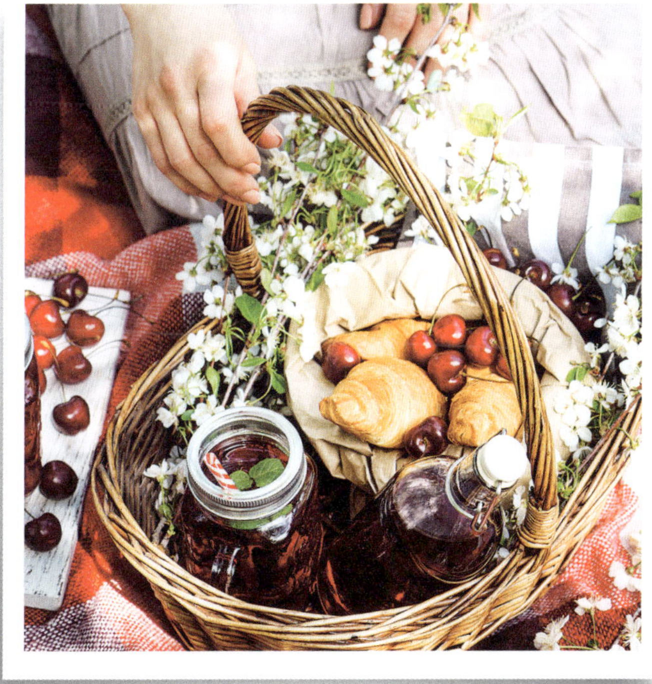

ÜBUNG: ***In positiven Erinnerungen schwelgen***

Erinnere dich an eine Situation in deinem Leben, in der du voller Freude warst. Vielleicht war das ein Moment im letzten Urlaub? Die Achterbahnfahrt auf dem Rummelplatz? Das romantische Picknick im Park oder der Augenblick, als du dein Baby zum ersten Mal in den Armen gehalten hast? Wo war das? Was ist geschehen? Welche Menschen waren dabei?

Versetz dich mit allen Sinnen in die Situation von damals zurück. Erinnere dich daran, was du sehen konntest. Denk ganz genau nach und versuch auch die folgenden Fragen zu beantworten, um die Szene wieder in dein Leben hineinzuziehen: Was hast du gehört? Wonach hat es gerochen? Was konntest du schmecken? Wie hat es sich angefühlt?

Sobald du mit all deinen Sinnen in der Situation angekommen bist, lass die Gefühle von Freude und Heiterkeit weiter in dir wachsen. Nimm dir Zeit, um darin zu schwelgen, und fühl so intensiv wie möglich hin.

EIN ZIMMER VOLL GLÜCK

Umgib dich zu Hause mit Gegenständen und Accessoires, die positive Gefühle in dir hervorrufen, weil sie dich an schöne oder bedeutsame Momente erinnern. Das können Erinnerungsstücke an Reisen sein, die Postkarte einer lieben Freundin, Fotos vom letzten Familienausflug, die Seife, die dich an deine Oma erinnert, das Lebkuchenherz vom letzten Jahrmarkt oder das Kissen, das dir dein Mann zum Geburtstag geschenkt hat.

KLEINE SCHULE DES GENIESSENS

Die Kunst zu genießen lässt sich erlernen. Dafür werden sogar spezielle Trainings angeboten. Die achtsame Konzentration auf alle fünf Sinne können wir uns aber auch selbst beibringen und Übungsobjekte gibt es im Alltag zuhauf. Selbst die kleinsten Handlungen können sich zu einem Rausch der Genüsse entfalten, wenn wir ihnen dazu Raum bieten.

Hier sind zwei besonders genussvolle Übungen:

ÜBUNG: ***Genuss-Schaumbad***

Sorg dafür, dass du 15 Minuten ungestört bist, lass dir ein heißes Schaumbad ein und konzentrier dich auf deine Sinne. Spür zunächst nur die Wärme des Wassers auf deiner Haut. Wie fühlt es sich an, wenn du mit Armen und Beinen abtauchst? Kannst du den Duft des Badearomas wahrnehmen? Wonach riecht es? Sieh dir die Schaumkristalle aus verschiedenen Blickwinkeln an: Welche Farben spiegeln sich darin? Was passiert, wenn du sanft in den Schaum pustest? Was empfindest du, wenn du ihn vorsichtig über deine Haut führst?

ÜBUNG: ***Genuss-Spaziergang***

Nimm dir etwa 20 Minuten Zeit, um in einem Park, Wald, auf einem Wiesenstück oder auch in deinem Wohnviertel spazieren zu gehen. Konzentrier dich mit deinen fünf Sinnen auf alles Schöne um dich herum. Stell dir vor, du bist ein Fotograf und dein Auftrag ist es, tolle Perspektiven einzufangen. Zoom also alles heran, was positive Gefühle in dir auslöst. Die elegante Hausfassade: Klick … eingefangen. Die hübschen Blumen am Wegesrand: Klick … Das Zwitschern der Vögel: Klick … Der Duft der Lindenblüten: Klick … Die lachenden Kinder: Klick … Halt beim Gehen immer wieder inne und frag dich: »Was kann ich gerade fühlen? Was kann ich sehen? Was kann ich hören, riechen oder schmecken?« Achte auf den Wind, wie er durch dein Haar weht. Wonach riecht die Luft: nach Regen oder frisch gemähtem Gras? Kannst du die Wärme der Sonnenstrahlen auf der Haut spüren? Welche Farben kannst du sehen? Wieder zu Hause oder zurück bei der Arbeit kannst du noch mal kurz in dich hineinfühlen. Wie ist es dir damit ergangen? Wie hast du dich gefühlt? Welche Eindrücke hast du gewonnen?

DAS LEBEN SPÜREN

Noch mehr Tipps für Genuss im Alltag:

- Koch etwas Besonderes und experimentier mit verschiedenen Zutaten und Gewürzen. Lass den Duft des Essens dabei in deine Nase steigen und den Geschmack deinen Gaumen verwöhnen.
- Hör deine Lieblingsmusik (ohne etwas anderes zu tun).
- Crem dich mit einer duftenden Lotion ein und nimm die Berührung deiner Hände intensiv wahr.
- Gönn dir dein Lieblingseis … auf dem Sofa … mit einer Kuscheldecke … zu entspannender Musik … und einer Kerze.
- Besuch eine Sauna oder Therme und lass dich von Wärme, Wasser und Kräutern berauschen.
- Nimm den ersten Bissen einer jeden Mahlzeit mit allen Sinnen bewusst wahr.
- Lauf häufiger barfuß und spür das Gras und die Erde unter deinen Füßen.
- Nutz Duftlampen oder Raumdüfte, um deinen Geruchssinn zu verwöhnen.
- Genehmige dir eine professionelle Massage oder bitte deinen Partner oder eine Freundin, dich zu massieren.
- Entwickle ein Genussritual, das du von Anfang bis Ende zelebrierst.

Back dein eigenes Brot, lass dich vom Duft verwöhnen und genieß die erste Scheibe mit allen Sinnen.

Ein Leben ohne Genuss ist möglich. Aber ist es auch erstrebenswert? Für 91 Prozent der Deutschen ist die Lage hier ganz klar: Für sie machen Genusserfahrungen das Leben überhaupt erst lebenswert.

Wenn es dir ähnlich geht, sieh zu, dass du dir dieses Empfinden wieder stärker erlaubst. Nicht erst nach getaner Arbeit, sondern jederzeit und überall. Gönn dir von nun an jeden Tag etwas Gutes.

Nutz deine Sinne, um diese Welt zu erfahren. Verwöhn dich und lass dich auf den genussvollen Moment ein, ohne mit dem Kopf schon wieder in der Zukunft oder der Vergangenheit zu sein. Solltest du dich bei dem Gedanken erwischen: »Ich muss erst noch …«, ersetz ihn durch »Ich darf jetzt genießen. Ich verdiene es, zu entspannen«.

Vergiss dabei auch das schlechte Gewissen, das dir vielleicht einreden will, du dürftest dir keinen Genuss genehmigen, weil er dir (noch) nicht zusteht. Das Gegenteil ist der Fall: Du hast allen Genuss dieser Welt verdient. Nicht als Belohnung für erbrachte Leistungen, sondern als essenziellen Bestandteil deines Lebens. Eines Lebens, das dir immer wieder Freude bereiten soll, das du genießen möchtest und darfst und in dem du glücklich sein willst.

»Alle Lebewesen
außer den
Menschen wissen,
dass der Hauptzweck
des Lebens
darin besteht,
es zu genießen.«

SAMUEL BUTLER (SCHRIFTSTELLER UND MALER)

Du und die anderen

Wie kaum etwas anderes entscheiden gute Beziehungen darüber, wie glücklich ein Mensch ist. Soziale Kontakte vertiefen unsere Freude am Dasein, fangen uns in Krisen auf und trösten uns im Schmerz. Gut für dich selbst zu sorgen heißt somit, auch die Beziehungen zu deinen Mitmenschen zu pflegen.

»OHNE FREUNDSCHAFT MÖCHTE NIEMAND LEBEN«

... schrieb der griechische Philosoph Aristoteles schon vor knapp 2400 Jahren. Tatsächlich sind Freunde eine Bereicherung für das eigene Leben. Sie sind füreinander da, gehen gemeinsam durch dick und dünn, trösten sich bei Kummer, feiern ihre Erfolge und lachen über ihre Missgeschicke. Sie bieten Verlässlichkeit, Sicherheit, Geborgenheit und Verständnis. Alles wird erträglicher und das Leben schöner, wenn wir es mit guten Freunden teilen.

Manche behaupten, die besten Freundschaften werden im Sandkasten geschlossen. Doch es muss nicht zwangsläufig der Kindergartenfreund sein und noch viel weniger 450 Bekanntschaften im Internet. Was wir wirklich brauchen, sind aber eine Handvoll Menschen, auf die wir uns im Notfall verlassen können.

»Ein bisschen Freundschaft ist mir mehr wert als die Bewunderung der ganzen Welt.«
OTTO VON BISMARCK (DEUTSCHER REICHSKANZLER)

DAS 1×1 DER FREUNDSCHAFTSPFLEGE

Wie jede Beziehung will auch eine Freundschaft gepflegt werden. Denn sonst verlieren wir einander aus den Augen und verpassen die wichtigsten Momente im Leben des anderen. Wir können nicht füreinander da sein, wenn wir gebraucht werden, und verlieren immer mehr Gemeinsamkeiten. Damit das nicht passiert, halt dich an die folgenden Tipps:

ERGREIFE DIE INITIATIVE

Eigentlich wollten wir uns ja schon längst mal wieder bei unserer guten Freundin melden, aber dann kam doch wieder irgendetwas dazwischen oder die Zweifel waren zu groß. Zögere jetzt nicht länger, sondern greif zum Telefon und unternimm den ersten Schritt.

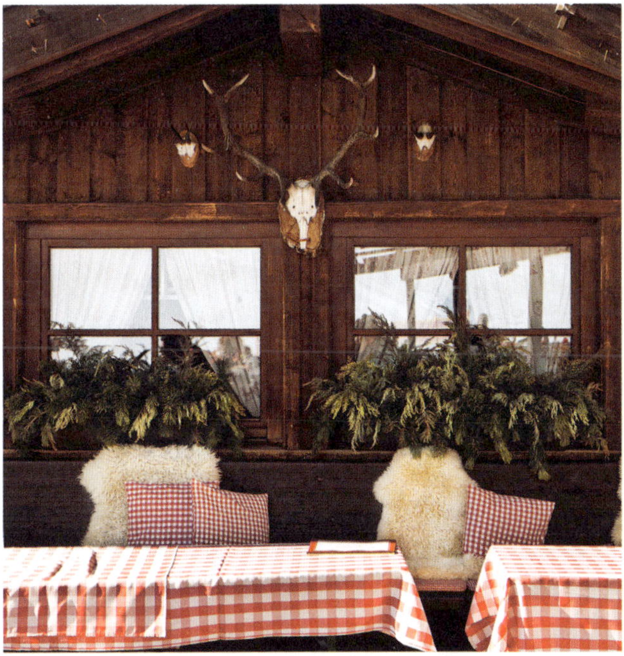

HALTE KONTAKT

Je älter wir werden, desto schwieriger wird es neben Beruf und Familie, Zeit für unsere Freunde zu schaffen. Glücklicherweise verfügen wir heutzutage über viele Möglichkeiten, Kontakt zu halten, selbst wenn man sich längere Zeit nicht persönlich treffen kann. Zeig deinen Freunden daher, dass du an sie denkst, indem du immer mal wieder eine liebe WhatsApp-Nachricht, eine kurze SMS oder E-Mail verfasst oder sie direkt anrufst. So verlierst du sie nicht aus den Augen und nimmst weiterhin an ihrem Leben teil.

HÖRE ZU

Wirkliches Zuhören ist eine Kunst. Es verlangt, sich zurückzunehmen, sein Gegenüber ausreden zu lassen und ihm nicht sofort eine Lösung aufdrücken zu wollen. Beobachte einmal, wie gut es dir gelingt, deinen Freunden zuzuhören, ohne dass du gleich von dir erzählst oder das Gespräch an dich reißt.

SEI VERLÄSSLICH

Freundschaften basieren darauf, in der Not füreinander da zu sein. Ein wahrer Freund ist zur Stelle, wenn er gebraucht wird – ob das nun die praktische Hilfe bei einem Umzug oder das stundenlange Zuhören bei Liebeskummer betrifft. Bedenk aber, dass sich Geben und Nehmen stets im Gleichgewicht befinden sollten. Achte daher auf deine Grenzen und trau dich, deine Bedingungen zu nennen. Wenn du etwas nicht (mehr) leisten kannst, teil dich mit: »Ich helfe dir gerne, aber heute schaffe ich es nicht. Ich komme morgen vorbei.«

SORGE FÜR GEMEINSAME ERLEBNISSE

Gemeinsame Erfahrungen stärken die Verbundenheit – ob mit einer Reise, einem Konzert oder einem Spa-Tag. Sie werden zu Erinnerungen, von denen eure Freundschaft lange zehren kann. Was könntet ihr mal wieder unternehmen?

ETABLIERE RITUALE

Kleine Rituale helfen Beziehungen aufrechtzuerhalten. Vielleicht möchtet ihr im Freundeskreis einmal im Monat gemeinsam essen gehen? Du könntest ein Ritual daraus kreieren, mit deinem guten Freund jeden neuen James-Bond-Film im Kino zu sehen oder die Nachbarn am ersten Advent zum Waffelessen einzuladen. Auch Geburtstage bieten die wundervolle Möglichkeit, all deine Freunde regelmäßig wiederzusehen. Alles, was du dafür tun musst, ist, sie Jahr für Jahr zu feiern.

ENERGIEVAMPIRE UND EGOISTEN

Freundschaften sind wundervoll, solange sie uns bereichern. Aber nicht immer tragen sie dazu bei, dass wir uns beschwingt, unterstützt und glücklich fühlen.

So manches, was unter dem Begriff »Freundschaft« läuft, schadet weit mehr, als dass es nützt. Manchmal, weil wir von vornherein an falsche Menschen geraten sind. Solchen, denen nichts an uns liegt. Aber auch ehemals gute Freundschaften können über die Jahre ihre Qualität verändern und einen giftigen Beigeschmack bekommen. Statt dich weiterhin schlecht behandeln zu lassen, verwende deine Energie lieber auf Menschen, die deine Freundschaft verdient haben, und zeig allen anderen, dass du so nicht mit dir umgehen lässt. Vorsicht ist bei den folgenden »Freundschaften« geboten:

»Der beste Weg,
einen Freund
zu haben, ist der,
selbst einer zu sein.«

RALPH WALDO EMERSON
(US-AMERIKANISCHER PHILOSOPH
UND SCHRIFTSTELLER)

DIE FALSCHE FREUNDIN

Sie tut vielleicht so, als wäre sie deine beste Freundin, doch hinter deinem Rücken redet sie schlecht über dich, erzählt deine Geheimnisse weiter oder setzt falsche Gerüchte in die Welt.

DIE SELBSTSÜCHTIGE FREUNDIN

Ihre Welt dreht sich nur um sie. Sie stellt sich überall in den Mittelpunkt und denkt nur an sich. Wie es dir dabei geht, ist ihr egal. Im schlimmsten Fall wertet sie ihren Selbstwert auf, indem sie dich herabsetzt. Dann kritisiert sie dich, macht sich über dich lustig und redet deine Ziele und Erfolge schlecht.

DIE DESTRUKTIVE FREUNDIN

Manche Menschen tun uns nicht gut, weil sie uns an destruktive Verhaltensweisen ranführen. Das kann die Alkoholiker-Freundin sein, mit der du ständig über die Stränge schlägst, oder die Freundin, die dich stets zu waghalsigen Aktionen überredet, die du im Nachhinein bereust. Es gibt bessere Wege, deinen Bedürfnissen nachzukommen, als die eigene Gesundheit aufs Spiel zu setzen oder Familie und Arbeitsplatz zu riskieren. Triff deine destruktive Freundin fürs Erste nur noch in harmlosen Situationen (zum Beispiel zum Nachmittagsspaziergang statt zum Clubbesuch).

DIE EWIGE SCHWARZMALERIN

Es gibt Menschen, die alles schlechtreden und an allem etwas auszusetzen haben. Schon wenige Minuten mit ihnen reichen aus, um sich vollkommen ausgelaugt, erschöpft und hoffnungslos zu fühlen. Vielleicht hast du diese Person im Grunde deines Herzens gerne, aber stellst zunehmend fest, dass dich ihre Gegenwart belastet? Manchmal kann es helfen, der Person mitzuteilen, wie du dich in ihrer Nähe fühlst, denn oft ist ihr nicht bewusst, wie sie auf andere wirkt. Es ist auch einen Versuch wert, das Gespräch aktiv auf etwas Positives zu lenken (»Was gibt es denn Positives zu berichten?«). Wenn jedoch alles nichts nützt, kann es das Beste für dich sein, den Kontakt auf ein Minimum zu reduzieren.

DIE FREUNDIN IN DER KRISE

Wenn Krisen über lange Zeit bestehen und alle Aspekte der Freundschaft unter sich begraben, kann das Gleichgewicht aus Geben und Nehmen bedroht sein.

Achte hier darauf, wo deine Grenzen erreicht sind, und teil dies deiner Freundin aufrichtig mit. Sag ihr, dass du sie gern hast, aber zunehmend erschöpft bist und nicht länger über dieses Thema reden kannst. Empfiehl ihr, professionelle Hilfe in Anspruch zu nehmen. Sei weiterhin für sie da – aber in einem Rahmen, den du leisten kannst.

EIN UMFELD ZUM AUFBLÜHEN

Es heißt, jeder von uns ist die Schnittmenge der fünf Menschen, mit denen er die meiste Zeit verbringt. Das bedeutet, dass wir ungefähr so erfolgreich oder erfolglos, so zufrieden oder unzufrieden und so gesund oder ungesund sind wie sie. Es macht dabei einen Unterschied, ob wir Zeit mit Menschen verbringen, die uns wohlwollend auf unserem Weg unterstützen, oder ob sie uns sagen: »Du schaffst das nicht!«. Auch wenn wir noch so viel an uns arbeiten, werden wir immer von den Menschen beeinflusst, mit denen wir die meiste Zeit verbringen. Darum frag dich: Mit wem umgebe ich mich? Wer sind diese Menschen, die eine so große Wirkung auf mich haben, und tut mir ihr Einfluss gut?

ÜBUNG: ***Wer bringt mein Universum zum Leuchten?***

Nimm ein Blatt Papier und einen Stift. Zeichne nun eine Sonne in die Mitte des Blattes und schreib deinen Namen hinein. Jetzt trägst du alle Personen, zu denen du in Beziehung stehst, als Planeten um deine Sonne herum ein. Überleg für jede dieser Personen, wie du dich nach einem Gespräch oder Treffen mit ihnen fühlst. Folgende Fragen können dir helfen:

- *Wer löst angenehme Gefühle in mir aus?*
- *Wer ist so etwas wie ein Vorbild für mich?*
- *Wer hat ähnliche Ziele und Lebensvorstellungen?*
- *Wer unterstützt mich und ist für mich da?*
- *Wem vertraue ich?*
- *Wer gönnt mir meine Erfolge?*
- *Wer fordert ständig, ohne etwas zurückzugeben?*
- *Wer hinterlässt mich erschöpft und ausgelaugt?*

Umrande nun in einer hellen Farbe all jene Planeten, die dir als leuchtende Sterne guttun. Diejenigen, die dir wie ein schwarzes Loch alle Energie und Lebensfreude rauben, kannst du schwarz einkreisen. Konzentrier dich von nun an auf die leuchtenden Sterne deines Universums und halt auch nach neuen Weggefährten Ausschau. So kannst du dir ein Umfeld gestalten, das dich beim Aufblühen unterstützt.

Übrigens: Seine Familie kann man sich zwar nicht aussuchen, aber man kann bestimmen, wie viel Zeit man mit ihr verbringt.

Nicht jeder hat das Glück, sich mit seinen Angehörigen gut zu verstehen, und nur weil jemand zur Familie gehört, hat er längst nicht das Recht, dich schlecht behandeln zu dürfen. Auch Familienbeziehungen sollten auf Respekt, Freundlichkeit und dem Wahren von Grenzen basieren. Ist dies nicht der Fall, lässt sich einiges unternehmen, um die Beziehungen zu verbessern. Wenn deine Bemühungen aber einseitig sind oder keine Früchte tragen, solltest du kein schlechtes Gewissen haben, dich von deinen Familienmitgliedern zu distanzieren.

Die Beziehungen zu unseren Mitmenschen gehören zu den größten Glücksgaranten unseres Lebens. Doch wenn wir nicht aufpassen, können sie ins Gegenteil umschlagen, und wenn wir sie nicht pflegen, schlafen sie ein. Kümmere dich daher um dein Umfeld. Nimm Abstand von denen, die dich schlecht behandeln oder zurückhalten, und vertief die Verbindung zu den Menschen, die dir Flügel wachsen lassen. Sie haben deine Aufmerksamkeit und Liebe verdient, weil auch sie dir diese Liebe schenken.

WEGE AUS DER EINSAMKEIT

Kaum etwas ist bedrückender als das Gefühl der Einsamkeit. Es ist wie ein innerer Schmerz, der die ganze Welt schwarz färbt und jegliche Freude tötet.

Einsamkeitsgefühle können aufgrund von sozialer Isolation entstehen. Dies ist zum Beispiel in Umbruchphasen oft der Fall. Wer in eine andere Stadt zieht, den Job wechselt oder einen anderen Neustart wagt, verliert nicht nur sein physisches, sondern auch sein emotionales Zuhause. Plötzlich fallen die gewohnte Umgebung und die vertrauten Menschen weg. Allein an einem unbekannten Ort müssen neue Kontakte erst wieder mühsam aufgebaut werden.

Gefühle von Einsamkeit können aber auch in der gewohnten Umgebung und inmitten von vertrauten Menschen von uns Besitz ergreifen. Wir können einen großen Freundeskreis haben, Kollegen, die uns schätzen, einen Partner, der uns liebt, und uns dennoch einsam fühlen. Einsamkeit ist nicht zwingend daran gekoppelt, allein zu sein. Es ist das Gefühl, sich »anders« als die anderen zu fühlen, das wahrhaft einsam macht.

Es kommt also nicht darauf an, ob andere dich mögen oder den Kontakt mit dir suchen. Entscheidend ist vielmehr, was du selbst über dich und deine Mitmenschen denkst.

ANDERS ALS DIE ANDEREN

Einsamkeitsgefühle entwickeln wir, wenn wir uns innerlich von anderen abgrenzen. Wir glauben, nicht so zu sein wie unsere Mitmenschen, also ziehen wir eine künstliche Linie zwischen ihnen und uns. Wir machen uns zu »anders«, »nicht gut genug«, »fremd«. Wir reden uns ein, dass mit uns etwas nicht stimmt, und meinen, dass uns niemand verstehen würde. Ob wir uns einsam fühlen oder nicht, hängt daher ganz maßgeblich von unserer Einstellung ab und sagt somit letzten Endes mehr über uns aus als über die Verhältnisse, in denen wir leben.

Wenn du dich einsam fühlst, gilt es mehr denn je, die Beziehung zu dir selbst zu verbessern, damit du die Erfahrung machen kannst, dass du gut genug bist:

LERNE DICH BESSER KENNEN

Bevor du Kontakt zu anderen suchst, stell Kontakt zu dir selbst her. Nimm dir jeden Abend eine halbe Stunde Zeit, in der du nur deinen Gedanken nachhängst und dich mit deinen Träumen, Zielen und Visionen beschäftigst. Wer bist du, unabhängig von deiner Beziehung, deinem Freundeskreis, deinem Job, deiner Heimat oder deiner Familie? Was zeichnet dich aus und was ist dir wichtig?

SEI GUT ZU DIR SELBST

Du brauchst keine zweite Person, um dich zu verwöhnen. Du darfst dir auch selbst etwas Tolles kochen, ein Bad einlassen oder ein paar Kerzen anzünden. Zeig dir, dass du dir selbst gut genug bist, und gönn dir, was auch immer du brauchst.

GEHE ALLEIN AUS

Du willst ins Kino gehen, aber niemand hat Zeit oder deine Freunde interessiert der Film nicht? Dann verabrede dich mit dir selbst. Kauf dir ein Ticket. Genieß die Vorfreude auf das Event und zelebrier das Date mit dir. Wenn du häufiger allein ausgehst, wirst du nicht nur merken, dass du prima zurechtkommst, sondern dass du auch allein eine gute Zeit haben kannst. Davon profitiert dein Selbstvertrauen. Du wirst unabhängiger und eigenständiger und fühlst dich zunehmend sicherer in deiner Haut.

FINDE EINEN SINN IM LEBEN

Welche Dinge haben für dich eine Bedeutung? Was ist dir wichtig? Was möchtest du mit deiner Zeit hier auf Erden anstellen? Gefühle von Einsamkeit verschwinden, sobald du etwas gefunden hast, das für dich eine Bedeutung hat. Dafür stehst du jeden Morgen auf. Das ist dein Interesse, das möchtest du machen, darin besteht dein Sinn. Das bist wirklich du.

SUCHE DIR EIN PROJEKT

Wie steht es eigentlich um deine Wohnung? Fühlst du dich darin richtig wohl oder wolltest du schon länger mal das ein oder andere optimieren? Vielleicht das Bett umstellen, neue Bilder an die Wände hängen, die Zimmer in einer freundlicheren Farbe streichen oder eine Lampe mit wärmerem Licht kaufen? Jetzt ist die perfekte Zeit dafür.

Ebenfalls beliebte Projekte: das Ordnerchaos sortieren, den Keller entrümpeln, den Kleiderschrank ausmisten oder einfach eine Grundreinigung angehen.

ICH BIN OFFEN FÜR NEUES

Wenn wir nichts gegen Einsamkeit unternehmen, isolieren wir uns von anderen. Wir verlernen, Kontakt aufzunehmen, uns auszutauschen, ziehen uns immer mehr zurück und enden irgendwann tatsächlich allein. Damit es gar nicht erst so weit kommt, hier ein paar einfache Tipps, das Schneckenhaus zu verlassen und neue Kontakte zu knüpfen:

NIMM KONTAKT AUF

Vielleicht triffst du auf dem Weg in den Supermarkt nicht gleich deinen zukünftigen besten Freund, aber es tut der Seele auch gut, einen Plausch mit deinem Nachbarn oder der Verkäuferin zu halten. Schon ein kleiner freundlicher Austausch zeigt dir, dass du nicht allein auf dieser Welt bist. Gleichzeitig trainierst du so deine sozialen Fähigkeiten, kommst nicht »aus der Übung« und baust keine übertriebene Angst vor deinen Mitmenschen auf.

BIETE DEINE HILFE AN

Wenn du einer älteren Dame über die Straße hilfst oder deiner schwangeren Nachbarin die Einkaufstüten hochträgst, bekommst du durch dein freundliches Verhalten nicht nur ein Lächeln und ein aufrichtiges Dankeschön geschenkt. Du machst auch die Erfahrung, gebraucht zu werden und dass deine Handlungen einen Einfluss haben.

ÜBERDENKE DEINE WOHNSITUATION

Wenn allein zu wohnen sich nicht gut für dich anfühlt, such dir einen Mitbewohner oder zieh in eine Wohngemeinschaft. Manchmal kann es auch ratsam sein umzuziehen, um näher bei Freunden und Familie zu sein, oder ein Haustier anzuschaffen, um weniger allein zu sein.

SUCHE DIR EIN HOBBY

Wenn du dich einem Sportverein anschließt oder einen Kurs an der Volkshochschule belegst, lernst du darüber Menschen kennen, die deine Interessen und Leidenschaften teilen. Das ist nicht nur ein wunderbarer Gesprächseinstieg, sondern auch eine gute Basis für stabile Freundschaften.

ÜBE EIN EHRENAMT AUS

Ein Ehrenamt stellt eine wunderbare Möglichkeit dar, unter Menschen zu kommen, zugleich etwas Sinnvolles zu tun, anderen eine Freude zu bereiten und dadurch auch Zuneigung und Nähe zu erhalten. Unabhängig davon, ob du Hunde aus dem Tierheim ausführst, dich um ältere Menschen kümmerst oder Kindern Geschichten vorliest, du wirst dich danach garantiert besser fühlen.

WERDE IM WOHNUMFELD AKTIV

Gerade wenn du erst kürzlich umgezogen bist und an deinem neuen Wohnort noch niemanden kennst, empfiehlt es sich, diesen gezielt zu erschließen. Besuch Nachbarschaftstreffs, geh zu Flohmärkten der Gemeinde, meld dich bei Vereinen in der Nähe an, geh in den immer gleichen Läden einkaufen, damit du die Verkäuferinnen bald kennst, und stell dich aktiv deinen Nachbarn vor.

PFLEGE DEINE KONTAKTE

Ruf mal wieder einen guten Freund oder alten Bekannten an. Zeig Interesse an seinem Leben. Er wird sich über deine plötzliche Kontaktaufnahme und dein Interesse freuen und du erlebst wieder einen positiven Kontakt zu einem Freund, der wahrscheinlich nie wirklich weg war.

Es wird Phasen in deinem Leben geben, in denen du einsam sein wirst. Entweder weil du wirklich fernab von Freunden und Familie bist oder weil du dich so fühlst. Doch hast du mehr mit deinen Mitmenschen gemein, als dir vermutlich bewusst ist. Dein Nachbar, der Postbote und die Verkäuferin … sie alle fühlen sich von Zeit zu Zeit fremd, haben ihre Selbstzweifel und wünschen sich, genau wie du, verbunden mit anderen zu sein.

Darum lass dich nicht von deinen Ängsten und Zweifeln zurückhalten, spring über deinen Schatten, streck die Fühler aus und erlaub der Welt, dich kennenzulernen. Was hast du zu verlieren? Ein peinliches Erlebnis ist in einem Jahr längst vergessen. Aber eine gute Freundschaft … die hält unter Umständen ein Leben lang.

»Es ist besser, ein einziges kleines Licht anzuzünden, als die Dunkelheit zu verfluchen.«

KONFUZIUS
(BEGRÜNDER DER »SCHULE DER GELEHRTEN«)

SCHLUSS MIT DEN EWIGEN VERGLEICHEN

So sehr wir auf andere Menschen angewiesen sind, um uns wohl und verstanden zu fühlen, so schwer fällt es uns oft auszuhalten, wenn diese erfolgreicher und glücklicher als wir sind.

Das tun wir nicht, weil wir anderen keine Erfolge gönnen, sondern weil wir jede ihrer Errungenschaften sofort und unbarmherzig mit unseren eigenen vergleichen.

- Die Freundin ist schwanger und schon fragen wir uns, ob wir nicht auch längst diesen Schritt hätten gehen müssen, ärgern uns über den unwilligen Partner oder verfluchen unser Singledasein.
- Der Kollege wurde von der Chefin gelobt und schon zweifeln wir an unserer eigenen Kompetenz, fühlen uns minderwertig und würden die Arbeit am liebsten sausen lassen.
- Die Schwester hat eine Auszeichnung erhalten und schon meinen wir, das schwarze Schaf der Familie zu sein und hinter den Erwartungen zurückzubleiben.

Auch wenn es niemand gerne zugibt, doch schon die kleinsten positiven Erlebnisse im Leben unserer Mitmenschen können uns in tiefe Selbstzweifel stürzen. Jeder Mensch scheint erfolgreicher, klüger, beliebter und attraktiver zu sein als wir. Und davon fühlen wir uns bedroht.

SPIEGLEIN, SPIEGLEIN AN DER WAND …

Neidische Gedanken sind nicht gerade gut angesehen, doch sollten wir uns deswegen nicht schämen. Es ist schwer, sich davon freizumachen, denn das Vergleichen liegt uns in den Genen. Im Wettstreit um begrenzte Ressourcen hatten seit jeher diejenigen die größeren Überlebenschancen, die mehr besaßen als andere. Dieses urzeitliche Programm ist noch heute in uns aktiv. Obwohl wir längst nicht mehr darauf angewiesen sind, die Besten und Schönsten zu sein, definieren wir uns nach wie vor über Vergleiche.

Dabei scheint es weniger darum zu gehen, was wir tatsächlich haben, als darum, mehr zu haben als alle anderen. Das bedeutet aber auch, dass wir ständig Gefahr laufen, von anderen überholt zu werden. Egal, wie gut es uns auch gehen mag, es wird immer jemanden geben, der noch schöner, erfolgreicher, reicher, sportlicher oder glücklicher ist als wir. Und da wir uns heutzutage dank sozialer Medien, Internet, TV & Co. mit Menschen auf der ganzen Welt vergleichen können, werden wir auch laufend mit Erfolgsgeschichten konfrontiert.

Kein Wunder also, dass Vergleiche mit anderen in den allermeisten Fällen dazu führen, dass unser Selbstvertrauen sinkt, wir unzufrieden, traurig, wütend oder aggressiv werden.

Dann können wir uns nicht länger darüber freuen, was wir haben, weil wir uns nur noch darauf konzentrieren, dass ein anderer mehr besitzt.

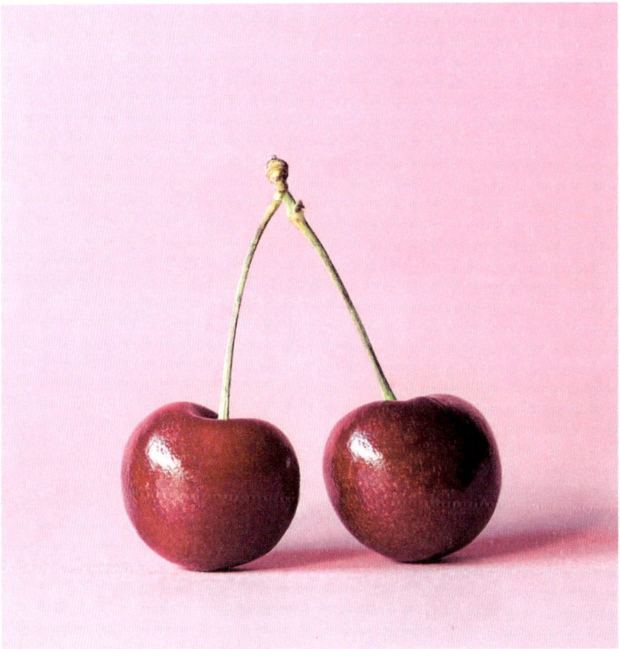

VERGLEICHE SINNVOLL NUTZEN

Dabei ist es ganz und gar unnötig, sich von den Erfolgen der anderen bedroht zu fühlen. Was andere haben, was sie tun und wie sie sind, hat keinerlei Auswirkungen auf unser Leben. Wir werden nicht ärmer, weil sie gut verdienen oder erfolgloser, weil sie erfolgreich sind. Jeder von uns ist einzigartig und wir alle bringen unterschiedliche Erfahrungen mit, aber auch unterschiedliche Bedürfnisse und Zielsetzungen.

Mag sein, dass du nicht die Figur eines Supermodels hast. Du verdienst allerdings auch nicht dein Geld damit, ein bestimmtes Aussehen zu haben. Du kannst es dir mit hoher Wahrscheinlichkeit nicht erlauben, täglich viele Stunden im Fitnessstudio zu verbringen. Du verfügst vermutlich weder über einen Ernährungsberater noch über einen hauseigenen Koch, der dir Diätmahlzeiten zubereitet. Du bist schlichtweg nicht darauf angewiesen, so ein geringes Gewicht zu halten, und wahrscheinlich hast du die Prioritäten in deinem Leben auch anders gesetzt. Viele Vergleiche sind daher von vornherein sinnlos, weil wir uns mit Menschen messen, die sowohl andere Startbedingungen hatten als auch andere Ziele verfolgen.

SO VERGLEICHST DU DICH RICHTIG

Mit zwei einfachen Fragen lässt sich die Unsinnigkeit fast aller Vergleiche aufdecken und der eigene Selbstwert schützen:

1. Ist dieser Vergleich sinnvoll? Oft vergleichen wir uns mit Menschen, die einen ganz anderen Hintergrund haben als wir. Wir sehen nur die Resultate, aber ignorieren den Weg dahin. Dann fühlen wir uns von einer Yogalehrerin eingeschüchtert, die ihren Körper scheinbar mühelos in die absurdesten Posen verbiegen kann. Doch was, wenn besagte Lehrerin jahrelang Leistungsturnen gemacht hat und trainiert, seit sie drei Jahre alt ist? Wollen wir uns ernsthaft Vorwürfe machen, weniger beweglich zu sein als eine professionelle Turnerin?
2. Möchte ich wirklich so leben wie diese Person? Nach den Erfolgen zu streben ist das eine, aber sind wir auch bereit, den Preis dafür zu zahlen? Bei genauerer Betrachtung sind wir vielleicht ganz froh, dass wir unsere Kindheit mit Kinderkram verbringen konnten und nicht sechs Tage die Woche eisern und

diszipliniert trainieren mussten. Dafür nehmen wir dann auch bereitwillig in Kauf, beim Yoga ab und an wie ein unbeholfener Trampel auszusehen. Und die ehemalige Klassenkameradin, die inzwischen als berühmte Journalistin um die Welt reist, mögen wir zwar auf den ersten Blick beneiden. Aber möchten wir wirklich an ihrer Stelle sein? Immer unterwegs, ständig in Hotels schlafen und aus dem Koffer leben? Oder kann es doch sein, dass wir die Gemütlichkeit und Sicherheit unseres Hauses ihrem aufregenden Leben vorziehen?

Vieles klingt erst einmal reizvoll, aber wenn wir ehrlich sind, sind wir oft nicht bereit, den dafür notwendigen Preis zu bezahlen. Und das ist okay. Deswegen leben wir unser Leben und nicht das Leben der anderen. In den allermeisten Fällen macht es Sinn, dass wir heute da sind, wo wir sind, denn es sind unsere Entscheidungen, die uns hierhergeführt haben.

Solltest du jedoch bemerken, dass du tatsächlich gerne das Leben der anderen Person führen willst, dann nutz deinen Neid konstruktiv, um neue Erkenntnisse zu gewinnen und die notwendigen Veränderungen anzuregen.

Frag dich:

- Warum bin ich neidisch auf diese Person?
- Was genau ist, hat oder tut sie, was ich auch gerne in meinem Leben hätte?
- Was kann ich tun, um diesem Ziel näher zu kommen?
- Was kann ich mir von dieser Person abgucken, um mein Ziel zu erreichen?

Mach die Person zu deinem Vorbild und versuch von ihr zu lernen. So kannst du deinen Neid in Bewunderung verwandeln und dich von ihren Erfolgen inspirieren lassen.

»Das Vergleichen
ist das
Ende des Glücks
und der
Anfang der
Unzufriedenheit.«

SÖREN KIERKEGAARD
(DÄNISCHER EXISTENZPHILOSOPH)

MEHR SCHEIN ALS SEIN

Wir neigen dazu, das Leben der anderen für perfekt zu halten, während wir unser eigenes als misslungen empfinden. Wir denken, dass wir nicht reich genug sind, nicht beliebt genug, nicht aufregend genug, nicht spontan genug, nicht hübsch genug, nicht schlank genug und nicht talentiert genug.

Doch halten wir andere nur deshalb für perfekt, weil wir ihre Sorgen, Ängste und Zweifel nicht mitbekommen. Nach außen hin mag ihr Leben perfekt aussehen. Das heißt aber nicht, dass sie wirklich zu beneiden sind. Du weißt nicht, ob ihr Lächeln nur aufgesetzt und die Idylle nur gespielt ist. Du kannst nicht wissen, ob sie der Liebe ihres Lebens hinterhertrauern, Zukunftsängste haben oder einsam sind. Du hast keine Ahnung, ob sie sich insgeheim selbst ablehnen, eine schwierige Beziehung zu ihren Eltern haben, sich inmitten eines Sorgerechtsstreits befinden oder chronisch krank sind, und du wirst auch nie erfahren, ob sie verzweifelt und unglücklich sind oder sich nachts in ihrer 200-Quadratmeter-Wohnung in den Schlaf weinen, weil ihr Leben so leer und sinnlos ist.

JEDES DING HAT ZWEI SEITEN

Wir neigen dazu, das zu idealisieren, was wir nicht haben. Wir sehen nur die Nachteile darin, so auszusehen oder zu sein, wie wir sind, und nur die Vorteile im Leben der anderen. Aber jedes Ding hat zwei Seiten und das, was du an dir selbst ablehnst, ist möglicherweise das, wofür du von jemand anderem beneidet wirst: Dein glattes Haar, in dem keine Frisur hält, mag dich zur Weißglut bringen, aber ist genau das, wonach sich manch anderer mit Naturkrause sehnt. Und deine vorschnelle Art, die du am liebsten ablegen würdest, weil sie dich so häufig in die Bredouille bringt, wünschen sich all jene, denen es schwerfällt, aus sich herauszukommen. Wenn du das nächste Mal etwas an dir ablehnst, überleg einmal, was gut daran sein könnte. In welchen Situationen könnte diese Eigenschaft sinnvoll sein? Mit welchen Vorteilen geht sie möglicherweise einher? Notier dir deine Erkenntnisse in Form von »Ja, aber …«-Sätzen: »Ja, ich bin wirklich nicht die Diszipliniertestе, aber dafür kann ich auch einmal alle fünfe gerade sein lassen und meine Auszeiten genießen.« »Ja, es fällt mir schwer, im Mittelpunkt zu stehen, und ich bleibe oft im Hintergrund, aber dafür bin ich eine gute Zuhörerin und kann andere prima unterstützen.«

In einer Welt, in der wir uns ständig mit den schönsten, erfolgreichsten und talentiertesten Menschen vergleichen können, ist es nur natürlich, ins Zweifeln zu kommen. Doch lass dich von den sorgfältigen Inszenierungen nicht täuschen. Kein Mensch ist so vollkommen und kein Leben so perfekt, wie es auf den ersten Blick erscheinen mag. Im Leben geht es auch nicht darum, der Beste und Größte zu werden, sondern darum mit dir selbst und deinem Alltag zufrieden zu sein. Der einzige Vergleichsmaßstab, an dem du dich daher orientieren solltest, bist du selbst. Wer bist du heute und wer willst du morgen sein?

Andere Menschen können dich auf deinem Weg inspirieren. Sie können dir als Vorbild dienen und Ziele aufzeigen, für die es sich zu kämpfen lohnt. Doch musst du dich nicht mit ihnen messen und deine Energie nicht darauf verschwenden, sie zu übertrumpfen. Bleib bei dir, kümmere dich um deine Entwicklung und lass andere ihren Weg gehen. Streb ruhig danach, zufriedener, sportlicher, erfolgreicher oder gelassener zu werden, aber tu es für dich. Statt dich mit anderen zu vergleichen, konzentrier dich darauf, besser zu werden, als du es gestern warst. So musst du mit niemandem mehr in Wettbewerb treten, sondern kannst zur besten Version deines Selbst werden. Denn letzten Endes ist es das, worauf es ankommt: Du selbst zu sein und diese Welt durch deine Fähigkeiten zu bereichern, statt zur Kopie eines anderen zu werden, den es bereits schon gibt.

Auf der Suche nach dem Sinn

Warum bin ich auf dieser Welt?
Was ist meine Aufgabe?
Wenn wir uns mit Fragen wie diesen beschäftigen, suchen wir nach einer tieferen Dimension des Daseins, nach Erfüllung und Sinn. Gerade dann, wenn es leise um uns herum wird, haben wir die Möglichkeit, nach innen zu blicken, und die Verbindung mit dem großen Ganzen zu finden.

SCHENKE DIR EIN ERFÜLLTES LEBEN

Warum machen wir all das, was wir machen, gehen zur Schule, machen eine Ausbildung, finden einen Job und kriegen Kinder? Weil man das so macht? Weil wir es nicht anders kennen? Weil es die anderen auch tun?

Hätten all diese Dinge, von denen du denkst, dass du sie tun musst, noch irgendeine Bedeutung, wenn der Sinn deines Lebens darin bestünde, glücklich zu sein?

- Was müsstest du ändern, um diesem Lebenssinn gerecht zu werden?
- Welche Aufgaben könntest du getrost sein lassen?
- Was würdest du noch heute beginnen, um es von nun an besser zu machen?

Viele Menschen versagen sich ihre Träume oder leben ihr Leben tagaus, tagein, ohne einmal darüber nachzudenken, wie diese Wunschvorstellungen vielleicht aussehen könnten. Das ist schade, denn ihre Zeit auf dieser Welt ist, wie die aller Menschen, begrenzt.

Wir können die Dinge, die uns wichtig sind, nicht immer auf eine unbestimmte Zeit in der Zukunft verschieben. Wir müssen *jetzt* leben und nicht *später*, denn es ist gut möglich, dass es ein Später nicht gibt.

ÜBUNG: ***Dein Leben im Rückspiegel***

Stell dir vor, du bist 80 Jahre alt. In deinem Schaukelstuhl sitzend blickst du auf dein Leben zurück.

- *Was müsstest du sehen, um das Gefühl zu haben, dass du ein gutes Leben geführt hast?*
- *Welche Ziele müsstest du verwirklicht haben?*
- *Wie müsstest du gelebt und gehandelt haben?*
- *Was müsstest du erlebt und gemacht haben, um zufrieden zu sein?*
- *Welche Spuren müsstest du hinterlassen haben?*
- *Welche Herzen müsstest du berührt haben?*

WAS WIR VON STERBENDEN LERNEN

»Ich wünschte, ich hätte den Mut gehabt, mein eigenes Leben zu leben«. So lautet ein sehr häufig geäußertes Bedauern von sterbenden Menschen, wie die australische Autorin Bronnie Ware berichtet, die einige Jahre als Palliativkrankenschwester gearbeitet hat.

So oft richten wir unser Leben nach den Erwartungen anderer aus; entscheiden uns für ein Jurastudium, weil die Eltern sich schon immer einen Rechtsanwalt in der Familie gewünscht haben, oder heiraten und bekommen Kinder, weil es irgendwie dazugehört. Wir tun, was uns vorgelebt wird, ohne jemals zu hinterfragen, ob es auch wirklich das Richtige für uns

ist. Wir wollen alle zufriedenstellen, wünschen uns, dass unsere Eltern stolz auf uns sind, und möchten in den Augen der Gesellschaft erfolgreich sein. Nicht selten verlieren wir dabei aber unsere eigenen Wünsche komplett aus den Augen. Und ehe wir uns versehen, leben wir ein Leben, das andere sich für uns vorstellen, das aber vielleicht nichts mehr mit dem gemein hat, das wir gerne geführt hätten. Deshalb frag dich:

- Wie möchte ich leben?
- Woran habe ich Freude?
- Was erfüllt mich?
- Was möchte ich erlebt, gesehen, getan haben?

»Ich wünschte, ich hätte mir erlaubt, glücklicher zu sein!« ist eine weitere Aussage, die manche Menschen kurz vor ihrem Ableben äußern. Viel zu oft begreifen wir erst im Angesicht des Todes, dass wir die Freiheit hatten, unser Leben nach unseren Wünschen zu gestalten. Dass die Dinge nicht einfach so sein müssen, wie sie gelaufen sind, sondern wir jederzeit über den unglaublichen Luxus verfügen, selbst bestimmen zu können, wie wir unser Leben gestalten möchten.

Das setzt allerdings voraus, dass wir uns die Erlaubnis geben, glücklich sein zu dürfen. Nicht erst irgendwann, sondern jetzt und in diesem Leben.

AUF ZU NEUEN UFERN

70 Jahre lang träumte die Engländerin Helen Tew davon, mit einem Segelboot den Atlantik zu überqueren. Aber das Leben kam dazwischen. Mit 89 Jahren duldete sie keine Ausreden mehr. Sie setzte sich in ihr Segelboot und machte die Leinen los. Elf Monate war sie unterwegs. In einem Interview sagte sie: »Hör nicht auf die Pessimisten. Es gibt immer jemanden, der dir erzählen will, dass du etwas nicht tun kannst, weil es zu schwierig oder zu gefährlich sei, weil du zu jung oder zu alt seist. Es gibt keinen richtigen Zeitpunkt für etwas. Tu es einfach. Es ist nie zu spät, die Dinge zu tun, die du schon immer tun wolltest.«

Helen Tew starb 2004 im Alter von 92 Jahren. Ihren Lebenstraum hatte sie sich erfüllt.

NUTZT DU DEINE LEBENSZEIT?

Lass mich dir von Richard erzählen. Er ist vor Kurzem 70 geworden. Geistig ist er noch recht fit, aber sein Körper macht ihm zu schaffen. Er hat ständig Schmerzen und kann sich nur noch eingeschränkt bewegen. Vieles, was er früher gerne getan hat, kann er nicht mehr machen.

40 Jahre lang ist er jeden Tag in die Werkstatt gegangen, in der er als Mechaniker gearbeitet hat. Er hat eine Familie gegründet, ein Auto gekauft, zwei Fernseher angeschafft und sein Geld sonst beisammengehalten, damit er sich später einen schönen Lebensabend gönnen konnte. Denn mit der Rente sollte sein Leben so richtig losgehen. Dann, wenn er sein Soll geleistet und alle Pflichten erledigt hatte. Dann wollte er endlich auf einem Motorrad durch die Welt reisen und fremde Länder entdecken. Er wollte in den Tag hineinleben und seiner Leidenschaft, der Musik, nachgehen. Aber dann kam das Rheuma. Und die Arthritis. Ans Motorradfahren war nicht mehr zu denken und Mitglieder für seine Band hat er auch nicht gefunden. Stattdessen sitzt Richard nun die meiste Zeit zu Hause vor dem Fernseher und ärgert sich. Er ärgert sich darüber, wie das Leben ihm mitgespielt hat. Am allermeisten ärgert er sich jedoch über sich selbst, weil er seine Wünsche jahrzehntelang aufgeschoben hat, bis es plötzlich zu spät war.

Richards Schicksal ist kein Einzelfall.

Lebenszeit geht unwiderruflich verloren. Wir können sie nicht zurückholen und irgendwann werden wir nicht mehr sein. Glaubst du, dass du deine Zeit auf dieser Welt genutzt haben wirst? Wirst du das Beste aus ihr gemacht haben?

Wenn du nicht eines Tages aufwachen und voller Reue auf dein Leben zurückblicken möchtest, unternimm jetzt etwas, um glücklich zu sein. Triff die Entscheidungen, die dich deinen Zielen näher bringen, und verwirkliche deine Träume.

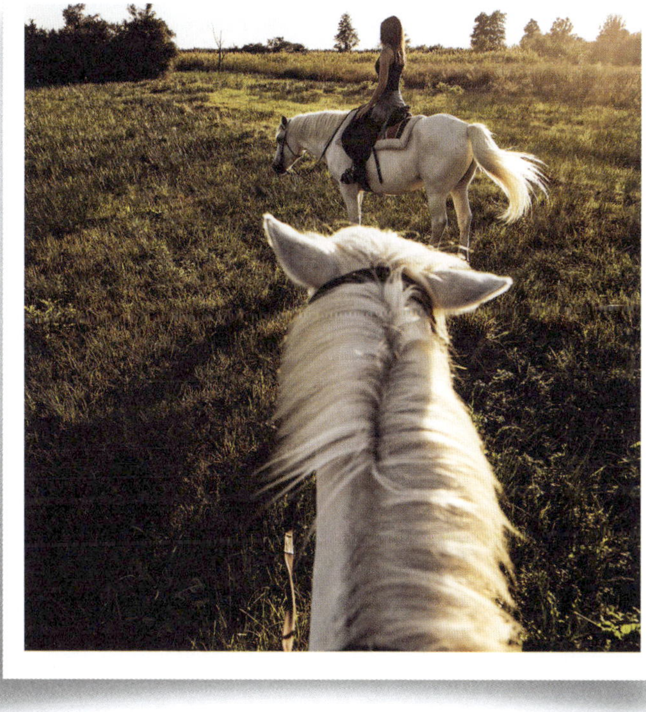

»Die Zukunft
gehört denen,
die an die
Wahrhaftigkeit
ihrer Träume
glauben!«

ELEANOR ROOSEVELT
(FIRST LADY UND MENSCHENRECHTSAKTIVISTIN)

VERLEIHE DEINEM LEBEN EINEN SINN

Was ist das Wichtigste im Leben? Worauf kommt es an? Warum sind wir auf dieser Welt? Was ist der Sinn von alledem?

Antworten auf solche Fragen zu finden kann die Dinge wieder in die richtige Perspektive rücken, wenn alles sinnlos erscheint. Es kann uns leiten, wenn wir nicht weiterwissen, und uns helfen, unser Leben nach unseren Überzeugungen auszurichten. Es kann dazu beitragen, dass wir uns nicht allein, sondern verbunden fühlen, dass uns das Leben nicht sinnlos, sondern sinnvoll erscheint und wir mit Hoffnung statt voller Angst in die Zukunft blicken.

EIN KOMPASS IN DUNKLER NACHT

Wann immer wir uns die Sinnfrage stellen, meinen wir eigentlich: »Was kann ich mit meiner Zeit anfangen, das wirklich wichtig ist?« Denn es sind diese wichtigen Dinge, mit denen wir unserem Leben eine Bedeutung verleihen. Sie sind es, über die wir uns definieren und auf die wir am Ende des Lebens zurückblicken.

Um herauszufinden, was für uns wichtig ist, müssen wir auf die Werte blicken, die uns ausmachen. Sie sind die Sterne, an denen wir uns orientieren und bilden die Grundlage für unsere Ziele. Wer um seine Werte weiß, kann sein Leben entsprechend gestalten.

Wie ein Fingerabdruck, der einzig und allein auf eine Person passt, verfügt jeder von uns über sein eigenes Wertesystem. Das ist der Grund, warum wir nicht zwangsläufig in den Berufen unserer Eltern oder besten Freunde glücklich werden. Nur wir selbst können beantworten, ob wir uns nach Unabhängigkeit und Freiheit sehnen oder eher mehr Sicherheit und Vertrauen zum Leben brauchen.

»Es ist nie zu spät, der zu werden,
der du hättest sein können!«
GEORGE ELIOT (ENGLISCHE KLASSIKERIN)

Kennen wir unsere Werte, können wir darauf achten, dass jede unserer Entscheidungen mit unseren Bedürfnissen übereinstimmt. Wir können uns Ziele setzen, die zu unserer Persönlichkeit passen, und nach unseren Überzeugungen handeln. Wir befinden uns dann ganz im Einklang mit uns selbst.

DEN EIGENEN WEG GEHEN

Du kennst sicher das Märchen vom Aschenputtel, dem jungen Mädchen, das durch ihre neue Stiefmutter viel Leid erfährt. Selten aber wird über das Leid ihrer zwei Stiefschwestern gesprochen, die von ihrer Mutter gezwungen werden, einen Schuh anzuziehen, der ihnen nicht passt. In der Hoffnung, dadurch den Prinzen zu gewinnen, muss sich die erste Tochter ihren großen Zeh abhacken und die zweite ihre Ferse.

ÜBUNG: ***Meinen Werten auf der Spur***

Beantworte die folgenden Fragen für dich:

- *Was ist mir wichtig im Leben?*
- *Wann respektiere ich mich? Wann bin ich stolz auf mich?*
- *Worauf reagiere ich sehr empfindlich?*
- *Was treibt mich an?*
- *Was ist das Wichtigste, das ich meinem Kind mitgeben möchte beziehungsweise würde?*
- *Ohne was kann ich nicht leben?*
- *Was möchte ich hinterlassen, wenn ich sterbe?*
- *Wovon braucht die Welt mehr?*
- *Was sollten andere Menschen öfter tun? (Und welcher Wert steckt dahinter?)*

Wenn du Ungerechtigkeit kaum ertragen kannst, dann ist Gerechtigkeit ein zentraler Wert für dich. Wenn du stets bemüht bist, Streit zu schlichten, legst du viel Wert auf Harmonie. Wenn du schon immer von einer Familie geträumt hast, ist diese ein fundamentaler Bestandteil deines Lebens. Fühlst du dich von Routinen schnell eingeengt, sehnst du dich womöglich nach Abenteuer, Unabhängigkeit oder Freiheit.

Auch wir stecken mitunter in Schuhen, die ausgesprochen schlecht sitzen. Schuhe, in die uns andere Menschen gezwängt haben aufgrund bestimmter Vorstellungen darüber, wie wir leben sollen. Genau wie die Stiefschwestern im Märchen verbiegen wir uns, um diesen Vorstellungen gerecht zu werden. Ob wir den Prinzen überhaupt heiraten möchten (oder doch lieber um die Welt reisen oder mit dem mittellosen Straßenmusiker durchbrennen wollen), spielt dabei keine Rolle. Wir werden schlichtweg nicht gefragt.

- Welchen Schuh hast du dir angezogen, der dir eigentlich nicht passt?
- Wer hat dir diesen Schuh aufgezwungen?
- Wie wäre es, wenn du diesen Schuh ausziehen würdest?

Von Kindesbeinen an lernen wir, dass wir Anerkennung und Liebe bekommen, wenn wir tun, was andere von uns verlangen. Sei es der Vater, der endlich stolz auf uns ist, wenn wir unseren Platz im Betrieb einnehmen, oder die Lehrerin, die uns eine gute Note gibt, weil wir ihr Lieblingsthema bearbeiten. Sie alle versuchen wir glücklich zu machen. Doch vergessen wir darüber vollkommen, was uns selbst eigentlich Freude bereiten würde. Wir sind so darauf fokussiert, anderen zu gefallen und bloß niemanden vor den Kopf zu stoßen, dass wir gar nicht auf die Idee kommen, unseren eigenen Wünschen zu folgen.

»Das Dasein ist köstlich, man muss nur den Mut haben, sein eigenes Leben zu führen!«

PETER ROSEGGER
(ÖSTERREICHISCHER HEIMATSCHRIFTSTELLER)

Es ist nicht leicht, seinen eigenen Weg zu verfolgen, doch ist es die einzige Möglichkeit, ein authentisches Leben zu führen; ein Leben, das du nach deinen Wünschen und Vorstellungen gestaltest; ein Leben, in dem du eigene Entscheidungen fällst und Ziele verfolgst, die für dich von Bedeutung sind.

ICH BIN SO FREI!

Ein Junge wurde an der Schule häufig für seinen auffälligen Rucksack gehänselt. Mit der Zeit war er darüber sehr verzweifelt und wusste nicht, was er tun sollte. Er wollte sich nicht länger dem Mobbing seiner Mitschüler aussetzen. Aber er war überzeugt davon, dass es ein Zeichen von Schwäche wäre, wenn er den Rucksack ablegte, um die anderen zufriedenzustellen. Also trug er den Rucksack aus Prinzip weiter, um es den anderen zu zeigen. Doch damit war er ebenfalls nicht glücklich. Schließlich bat er seinen Freund um Rat und dieser sagte ihm, dass es vollkommen egal sei, ob er den Rucksack ablegte, um den anderen zu gefallen, oder ihn weiter benutzte, um sie zu provozieren. In beiden Fällen würde er es für die anderen tun und das wäre es, was eigentlich schwach sei.

Was sich der Junge wirklich hätte fragen sollen, ist: »Trage *ich* diesen Rucksack gerne?« Doch er war so damit beschäftigt, wie sein Handeln auf andere wirken könnte, dass er sich selbst darüber vollkommen vergessen hat. So wie diesem Jungen geht es auch uns häufig. Wir betrachten uns durch die Augen der anderen und fragen uns bei all unseren Entscheidungen und Handlungen, wie sie bei ihnen ankommen. Wenn es auch dir hin und wieder so geht, überleg einmal:

1

BIST DU AUF DER WELT, UM ALLEN ANDEREN ZU GEFALLEN?

Sollte es dein höchstes Ziel im Leben sein, von allen Menschen gemocht zu werden? Ist das Sinn und Zweck deines Lebens? Ist das der Grund, warum du geboren wurdest?

2

WEM WILLST DU ES RECHT MACHEN?

Zwar stellt so gut wie jeder irgendwelche Erwartungen an uns, doch sind es selten dieselben. Der eine möchte vielleicht, dass man eine Beamtenlaufbahn einschlägt, der andere spricht sich dafür aus, schnell eine Familie zu gründen, und der dritte meint, wir müssten zunächst unbedingt Auslandserfahrung sammeln. Wem möchtest du es recht machen? Denn irgendwen (beziehungsweise die meisten) wirst du ganz sicher enttäuschen.

3

GIBT ES DICH ZWEIMAL?

Hast du jemals einen Menschen getroffen, der genauso ist wie du? Jemanden, der haargenau das Gleiche anstrebt, genauso denkt und fühlt sowie dieselben Stärken, Schwächen und Interessen hat? Wenn ja, macht es Sinn, dich an dieser Person zu orientieren. Denn was sie glücklich macht, wird vermutlich auch dich zufriedenstellen. Aber wenn es diesen Menschen nicht gibt, warum sollte ein Mensch mit vollkommen anderen Vorstellungen, Werten, Zielen und Stärken besser wissen als du, was dich glücklich macht?

Jeder Mensch ist einzigartig. Und das macht uns aus. Nicht, dass wir sind wie die anderen und tun, was sie tun.

Darum finde heraus, was dir wirklich wichtig ist, und verfolge deinen eigenen Weg. In dem Moment, in dem du erkennst, dass du dich durch deine eigenen Gedanken und Gefühle, Sehnsüchte, Hoffnungen und Stärken auszeichnest, nimmst du deinen eigentlichen Platz in dieser Welt ein.

»Wenn wir das,
was in uns liegt,
nach außen
in die Welt tragen,
geschehen
Wunder!«

HENRY DAVID THOREAU
(US-AMERIKANISCHER NATURPHILOSOPH)

WERDE TEIL VON ETWAS GRÖSSEREM

In den Mühlen des Alltags verlieren wir schnell das Gefühl für uns selbst. Dann nehmen wir uns entweder zu ernst oder messen uns gar keine Bedeutung bei. Wir vergessen, wo wir herkommen und wer wir sind.

Doch gibt es Momente, die uns erlauben, uns in einem größeren Zusammenhang zu spüren. Wenn du das erste Mal dein Neugeborenes in den Armen hältst oder vom Schauspiel der Natur überwältigt wirst, vergisst du für einen Augenblick deine kleine Alltagswelt und spürst, dass es da noch etwas viel Größeres gibt. Etwas Bedeutenderes und Erhabeneres als all die kleinen Probleme, mit denen wir uns tagein, tagaus beschäftigen.

AUS STERNENSTAUB ERSCHAFFEN

Wir sind eingebettet in eine Natur, deren Schönheit alles überstrahlt, was von Menschenhand je erschaffen werden könnte. Wir sind Teil eines Universums, dessen Unendlichkeit unsere Existenz nichtig erscheinen lässt. Auch wenn wir uns heute oft davon entfremdet haben, sind wir doch Bestandteil eines größeren Ganzen. Wir sind verbunden mit der Welt, die uns umgibt. Mehr noch: Wir tragen dieses Universum in uns, denn die Elemente, aus denen sich der Körper von jedem von uns zusammensetzt – Kohlenstoff, Wasserstoff, Stickstoff, Sauerstoff, Phosphor und Schwefel stammen von den Sternen. Sie entstanden vor Milliarden Jahren im Weltall, bildeten die Substanz, aus der unsere Erde besteht, waren in Pflanzen und Tieren zu Gast, um nun vorübergehend zu dir und zu mir zu gehören.

Du hast ein Recht darauf, in dieser Welt zu sein. Du hast ein Recht darauf, dich zu entfalten und in deiner vollen Größe zu erstrahlen.

Wann immer du an dir zweifelst, wann immer dir alles zu viel wird, wann immer du nicht weißt, wie es weitergehen soll: Erinnere dich daran, dass du ein Teil dieses Universums bist. Du bist genauso großartig und erhaben, genauso überwältigend schön wie die Sterne am Himmel über dir. Aus Sternenstaub erschaffen, liegt es in deiner Natur zu leuchten.

Lass dir von niemandem etwas anderes sagen. Lass nicht zu, dass man dir deinen Glanz und deine Bedeutung raubt.

Wir tun gut daran, uns häufiger vor Augen zu führen, dass wir Teil eines größeren Ganzen sind. Aufenthalte in der Natur können uns diese Verbundenheit ermöglichen. Wenn wir voller Ehrfurcht auf Berge, Wälder oder Landschaften blicken, kann uns das wieder bewusst machen, was wirklich zählt. Es kann uns daran erinnern, welches Geschenk dieses Leben ist und welchen Platz wir in der Welt einnehmen.

DIE HEILKRAFT DER NATUR

Wenn du dich nach Sinn und Bedeutung sehnst, geh so oft wie möglich hinaus in die Natur. Lass dich von ihrem Schauspiel inspirieren, spür die Kraft, die eine alte Eiche ausstrahlt, die Gelassenheit, die von einem jahrmillionenalten Berg ausgeht, die Wiedergeburt des Lebens, die sich in einem zarten Schneeglöckchen ankündigt, die Leidenschaft eines reißenden Flusses oder die friedliche Verbundenheit, die dich beim Anblick des Sternenhimmels erfasst.

Ganz nebenbei stärkst du auf diese Weise Körper und Seele, denn Aufenthalte in der Natur tun nachweislich gut:

- Die Bewegung an der frischen Luft stärkt Immunsystem, Herz und Kreislauf.
- Sonneneinstrahlung führt zur Bildung von Vitamin D und zur Ausschüttung von Glückshormonen und trägt somit sowohl zur Vitalisierung und Stärkung als auch zu gehobener Stimmung bei.

- Naturgeräusche wirken entspannend und können helfen, Stress abzubauen.
- Waldspaziergänge senken den Blutdruck und den Pulsschlag, sie steigern das Atemvolumen und verbessern die Durchblutung und Sauerstoffversorgung. Der Stresspegel sinkt deutlich stärker ab als nach einem Ausflug in der Stadt.
- Aufmerksamkeit, Konzentration und Selbstdisziplin können so wieder gesteigert werden, genauso wie das Selbstwertgefühl und die Stimmung.

Studien deuten darauf hin, dass Menschen, die in einem grünen Stadtteil leben, im Durchschnitt zufriedener sind als Bewohner stärker verdichteter Viertel. Patienten im Krankenhaus scheinen schneller zu genesen, wenn sie ins Grüne blicken können oder viel Sonne in ihr Zimmer scheint. Und bereits eine Pflanze am Arbeitsplatz oder Zimmerpflanzen in den Wohnräumen können zur Steigerung des allgemeinen Wohlbefindens und der Gesundheit beitragen.

SO KANN ES DIR GELINGEN, DIE NATUR WIEDER STÄRKER IN DEIN LEBEN ZU INTEGRIEREN:

- Unternimm einen Ausflug in die Natur deiner Umgebung.
- Verlagere dein Sportprogramm nach draußen: Geh im Grünen joggen, spring Trampolin in deinem Garten oder roll deine Yogamatte auf einer Wiese im Park unter freiem Himmel aus.
- Verbring mehr Zeit in deinem Garten. Gestalte ihn nach deinen Vorstellungen. Richte dir einen gemütlichen Sitzplatz ein und mach es dir dort bequem.

- Bepflanz deinen Balkon. Überleg dir ein Farbkonzept, pflanz deine Lieblingsblumen oder zieh Kräuter, Erdbeeren, Bohnen und Tomaten.
- Geh regelmäßig in einem nahegelegenen Park oder Waldstück spazieren.
- Verbring deinen nächsten Urlaub wandernd in den Bergen, unternimm eine Fahrradtour durchs Grüne oder erkunde eine Seenlandschaft mit dem Boot.
- Leg dir einen Kräutergarten auf der Küchenfensterbank an. Die verschiedenen Pflanzen machen den Raum nicht nur hübscher und duften herrlich. Du kannst sie auch wunderbar zum Würzen und Garnieren deiner Mahlzeiten verwenden.
- Miet dir einen Schrebergarten an, in dem du hübsche Blumenbeete gestalten und dein eigenes Bio-Gemüse ziehen kannst.
- Schaff dir eine oder mehrere Zimmerpflanzen an, um ein bisschen mehr Grün in deine Wohnung zu bekommen. Pflanzen filtern Schadstoffe aus der Luft, spenden Sauerstoff, befeuchten und können so ganz nebenbei das Raumklima verbessern.

Es kann Zeiten geben, in denen du dich losgelöst und verloren fühlst, so als würde deine Existenz keinen Unterschied machen. Doch unabhängig davon, wie einsam du dich auch fühlen magst, du bist nie wirklich allein. Auch wenn es dir nicht immer so vorkommen mag, dein Leben zählt. Du hast eine Bedeutung und einen festen Platz in dieser Welt. Du bist ein Kind dieses Universums und Teil des unglaublichen Wunders, das wir Planet Erde nennen.

DANKBARKEIT – DEIN KÖNIGSWEG ZUM GLÜCK

Neben all den Tragödien, die in der Welt passieren, geschieht auch genauso viel Gutes. Neben Verzweiflung gibt es Hoffnung, neben Trauer immer auch Freude. Wir müssen das Positive nur sehen.

Worauf richtest du üblicherweise deinen Blick?

- Konzentrierst du dich eher auf die Krisen und Probleme oder darauf, was gut läuft?
- Fokussierst du dich auf deine Fehler und Schwächen oder auf deine Fähigkeiten und Stärken?
- Ärgerst du dich über alles, was in deinem Leben fehlt, oder freust du dich über das, was da ist?

EINE FRAGE DES BLICKWINKELS

Die meisten von uns konzentrieren sich im Alltag eher auf das Negative. So sind wir gestrickt: Um zu überleben, war es in Urzeiten wichtiger, eine potenzielle Gefahr zu bemerken als die hübschen Blumen am Wegesrand. Noch heute sind wir daher eher darauf gepolt, auf alles zu achten, was schiefläuft, statt uns über die Erfolge zu freuen.

Doch wenn wir unsere Aufmerksamkeit immer nur auf Misserfolge, Probleme und Schwierigkeiten richten, übersehen wir

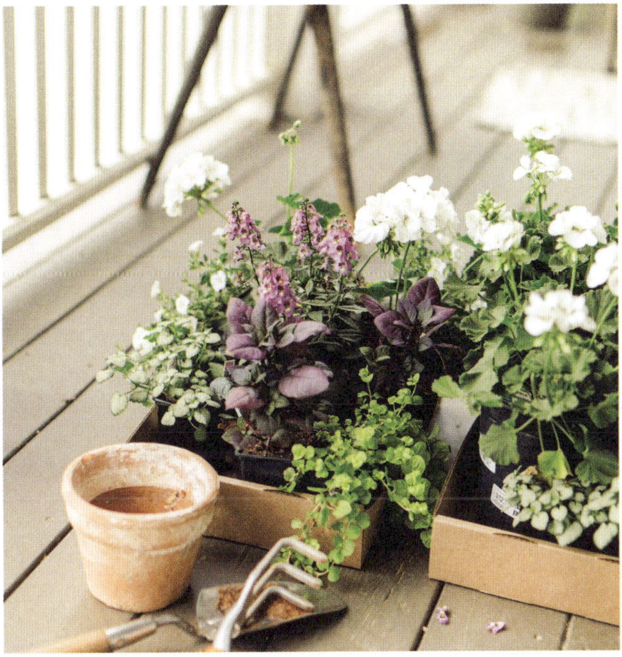

all die positiven Dinge, die uns das Leben schenkt. Eine einzige negative Nachricht kann dann den ganzen Tag vermiesen – unabhängig davon, wie viel Schönes auch geschehen ist.

Denn kein Tag ist nur schlecht und kein Leben nur krisengebeutelt. Wir können zu allen Zeiten Gutes wie Schlechtes finden: in uns selbst, in unserem Leben, in unseren Mitmenschen und in unserer Welt. Wie wir uns fühlen, wie zufrieden wir mit unserem Leben sind und wie optimistisch wir in die Zukunft blicken, hängt ganz wesentlich davon ab, worauf wir unseren Fokus richten.

»Das Leben ist bezaubernd.
Man muss es nur durch die richtige Brille sehen.«
ALEXANDRE DUMAS DER JÜNGERE
(ROMANSCHRIFTSTELLER)

DIE ZWEI WÖLFE

Eines Abends erzählte ein alter Cherokee-Indianer seinem Enkel von dem Seelenkampf, der im Inneren der meisten Menschen tobt. Er sagte: »Mein Kind, dieser Kampf findet zwischen den beiden Wölfen statt, die uns allen innewohnen. Der eine Wolf ist böse. Er ist Zorn, Neid, Eifersucht, Leid, Bedauern, Gier, Arroganz, Selbstmitleid, Schuldgefühl, Groll, Unterlegenheit, Lügen, falscher Stolz, Überlegenheit und Ego. Der andere Wolf ist gut. Er ist Freude, Frieden, Liebe, Hoffnung, Heiterkeit, Demut, Freundlichkeit, Wohlwollen, Einfühlungsvermögen, Großherzigkeit, Wahrheit, Mitgefühl und Glauben.« Der Enkel dachte eine Weile darüber nach. Dann fragte er seinen Großvater: »Und welcher Wolf gewinnt?« Der alte Cherokee aber antwortete nur: »Derjenige, den du fütterst.«

Wir alle tragen diese beiden Wölfe in uns und genauso finden wir sie auch in der Welt um uns herum. Die Frage ist nur, welchem Wolf wir unsere Aufmerksamkeit schenken: der Verzweiflung oder der Hoffnung? Dem Mangel oder der Fülle? Dem Hass oder der Liebe?

Immer wieder erzählen mir Menschen, dass sie nicht glücklich sein können, weil es dieses oder jenes Problem in ihrem Leben gäbe. Und ja, Sorgen sind belastend und sie können unser Wohlbefinden beeinträchtigen. Aber wenn wir darauf warten, irgendwann vollkommen frei von ihnen zu sein, können wir dies ein Leben lang vergeblich tun.

Diesen Zustand der absoluten Sorglosigkeit, nach dem wir uns sehnen, gibt es nicht. Probleme, Sorgen, Rückschläge und Krisen gehören zum Leben dazu. Es wird sie zu jeder Zeit geben. Vielleicht können wir ihnen vorübergehend den Rücken zuwenden, doch früher oder später holen sie uns wieder ein. Neue Probleme kommen hinzu und eine Sorge wird durch die nächste ersetzt.

Gerade in schwierigen Zeiten fällt es schwer, die positiven Aspekte des Lebens zu sehen. Doch sind sie nach wie vor da. Wir müssen uns nur bewusst auf die Suche begeben und das Gute gezielt willkommen heißen.

Glücklich zu sein heißt nicht, krisen- oder sorgenfrei zu leben. Es bedeutet vielmehr, inmitten all der bestehenden Probleme den Blick auf das Positive nicht zu verlieren. Es bedeutet, glücklich zu sein, obwohl nicht alles perfekt ist. Es bedeutet, glücklich zu sein, weil eben auch nicht alles schlecht ist:

»Nicht die Glücklichen sind dankbar. Es sind die Dankbaren, die glücklich sind.«

FRANCIS BACON
(PHILOSOPH UND POLITIKER)

- Vielleicht ist am heutigen Tag einiges schiefgelaufen. Doch dafür hattest du einen netten Plausch mit der Nachbarin, die Sonne hat geschienen und du konntest dein frisch repariertes Auto aus der Werkstatt abholen.
- Womöglich bist du gerade zu krank und erschöpft, um dich um den Haushalt zu kümmern. Doch es gelingt dir, dein Essen zuzubereiten, und deine Freundin erkundigt sich täglich nach dir.
- Natürlich schmerzt es, verlassen zu werden, und dein Leben mag dir gerade trostlos vorkommen. Doch hast du so endlich mal wieder Zeit für dich selbst, kannst ungestört deine Lieblingsserien schauen und nach langer Zeit wieder all die Lieblingsmahlzeiten genießen, die dein Freund nicht vertragen hat.
- Mag sein, dass du nicht besonders schlagfertig bist und dir in wichtigen Momenten oft nicht das Richtige einfällt, aber dafür sagst du auch nie etwas Unüberlegtes, das du hinterher bereuen könntest.

WENN ALLES EIN WUNDER IST

Du siehst, selbst in vermeintlich negativen Situationen oder Eigenschaften gibt es immer auch etwas Gutes zu entdecken. Wer in der Lage ist, sogar hierin das Positive zu erkennen, ist seltener gestresst und erholt sich schneller von Krisen. Auch wenn es manchmal schwerfällt, die positiven Aspekte zu sehen: Sie sind nach wie vor da und sie wollen von uns wahrgenommen werden. Alles, was wir tun müssen, ist unseren Blick immer wieder gezielt auf das Gute zu lenken.

Dem Physik-Nobelpreisträger Albert Einstein wird das folgende Zitat zugesprochen:

»Es gibt zwei Arten, sein Leben zu leben: entweder so, als wäre nichts ein Wunder, oder so, als wäre alles eines. Ich glaube an Letzteres.«

Wie wäre es, wenn wir es ihm gleichtun würden? Wenn wir nichts von dem, worüber wir verfügen, als selbstverständlich betrachten würden? Wie wäre es, wenn alles ein Wunder und alles ein Geschenk ist? Für was könntest du nicht alles dankbar sein …?

Du könntest dankbar sein:

- für das Leben, das dir geschenkt wurde
- für deine Freunde, die dich zum Lachen bringen
- für deine Hände, die dich so vieles tun lassen können
- für deinen Verstand, mit dem du so viel bewirken kannst
- für die Sonne, die in dein Zimmer scheint
- für dein gemütliches Zuhause
- für den Geschmack von deinem Lieblingsessen
- für alle diejenigen, die an dich denken
- für den Frieden in deinem Land
- für die Möglichkeit, dein Leben selbst zu gestalten
- für den köstlichen Tee, der dich so angenehm wärmt
- für das Lächeln, das dir heute geschenkt wurde
- für den Duft von Lavendel
- für dein verschmustes Haustier
- für die Musik, die dich zum Lachen und Träumen bringt
- für all die Menschen, die dich lieben

Wir glauben oft, dass wir noch mehr von irgendetwas zum Glücklichsein brauchen: mehr Gesundheit, mehr Freunde,

mehr Geld oder mehr Sicherheit. Erst dann meinen wir glücklich sein zu können. Aber das ist ein Trugschluss. Wir sind nicht zufriedener, wenn wir mehr haben. Egal von was.

Zufriedenheit wird in uns selbst gemacht, zum Beispiel dadurch, worauf wir unseren Fokus richten. Menschen, die ihren Blick für all die positiven Dinge öffnen, sind optimistischer und hoffnungsvoller. Sie führen bessere Beziehungen, sind weniger anfällig für Ängste und Depressionen und sie fühlen sich insgesamt wohler. Probier es ruhig einmal aus, indem du dir die folgenden Fragen stellst:

- Was läuft in meinem Leben derzeit richtig gut?
- Worauf bin ich stolz?
- Was habe ich schon alles geleistet?
- Wem bedeute ich etwas?
- Was war heute alles gut?
- Wofür kann ich mich dankbar schätzen?

ÜBUNG: ***Positiver Tagesrückblick***

Mach es dir zur Gewohnheit, jeden Abend vor dem Zubettgehen drei Dinge zu notieren, die an deinem Tag gut gelaufen sind. Halt ebenfalls fest, wie du dazu beigetragen hast, diesen schönen Moment zu erleben. Auf diese Weise trainierst du dein Gehirn nicht nur stärker, sich auf das Positive zu konzentrieren. Du lernst auch, dass dir die guten Momente nicht einfach so passieren, sondern weil du aktiv etwas für sie getan hast. Das stärkt deine Selbstwirksamkeitserwartung, also die Überzeugung, dass du Einfluss auf die Dinge um dich herum nehmen kannst.

Zum Beispiel:

	Was war heute gut?	**So habe ich dazu beigetragen**
1	*Der Chef hat meine Arbeit gelobt*	*Ich habe gute Arbeit geleistet*
2	*Tolles Telefonat mit meiner Schwester*	*Ich habe meine Schwester endlich mal angerufen*
3	*Der Sonnenuntergang war herrlich*	*Ich habe mir die Zeit genommen, ihn zu betrachten*

Halt deine Eintragungen in einem Notizbuch fest. So kommt über die Zeit ein schönes Sammelsurium an positiven Erlebnissen zusammen. Wenn du die Übung jeweils abends machst, kannst du besser abschalten und so entspannter einschlafen.

Wenn du einen Partner hast, könnt ihr die Übung auch gemeinsam machen und euch erzählen, was an eurem Tag schön war. Gleiches gilt, wenn du Kinder hast. Mach ein Ritual daraus und lass dir beim Zubettgehen erzählen, was an diesem Tag gut war.

»Nichts ist selbstverständlich. Alles ist ein Geschenk.«
KATHARINA TEMPEL

Glückliche Menschen sind nicht glücklich, weil es in ihrem Leben keine Probleme gibt. Sie sind glücklich, weil sie trotz aller Sorgen und Nöte den Blick auf das Positive nicht verlieren.

Tu es ihnen gleich, indem auch du anfängst, dich auf das Gute in dir selbst, in deinen Mitmenschen und in der Welt zu konzentrieren. Auf diese Weise entwickelst du eine positive Grundeinstellung zum Leben und öffnest dein Herz für Dankbarkeit. Dann ärgerst du dich nicht länger über das, was dir fehlt, sondern freust dich über alles, was du hast. Sobald wir Gefühle von Dankbarkeit zulassen, fühlen wir uns augenblicklich reicher, zufriedener und gelassener. Ein kleiner Perspektivwechsel ist alles, was es braucht, um dieses enorme Glückspotenzial zu heben.

Solange wir am Leben sind, wird es immer einen Anlass geben, um dankbar zu sein. Wir müssen nur bewusst darauf achten. Wer die guten Dinge des Lebens nicht für selbstverständlich hält, kann täglich Millionen Gründe finden, um glücklich zu sein.

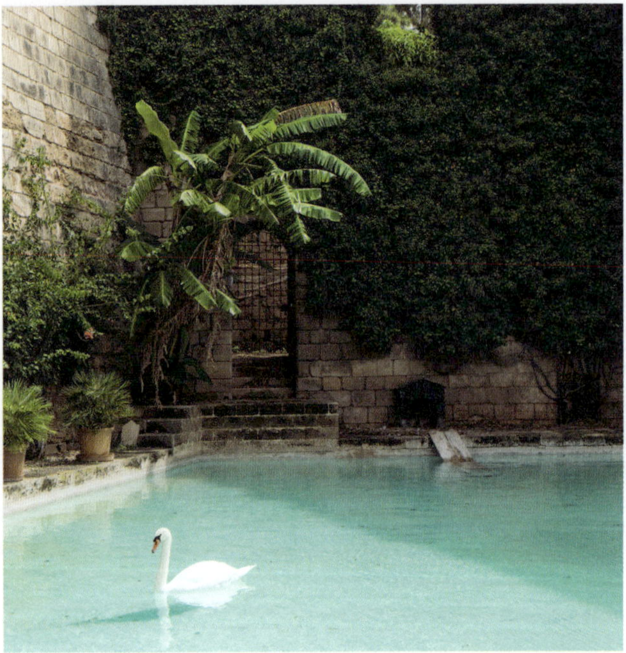

ABSCHIED

Du bist nun am Ende dieses Buches angekommen, aber ich hoffe, dass es für dich erst der Anfang sein wird: der Anfang deiner Reise zu dir selbst.

Vielleicht hast du beim Lesen schon damit begonnen, die neu gewonnenen Anregungen umzusetzen, dich von lieblosen Gewohnheiten zu verabschieden, deinen Bedürfnissen mehr Aufmerksamkeit zu schenken, nachsichtiger zu sein und dich selbst mit der Liebe und Wertschätzung zu behandeln, die du verdienst.

Doch auch wenn es dir noch schwerfällt, diesen liebevollen Umgang mit dir zu etablieren, verzag nicht. Veränderungen wie diese geschehen nicht von heute auf morgen, sondern brauchen ihre Zeit. Versuch daher geduldig mit dir zu sein und dein eigenes Tempo zu akzeptieren. Setz dir kleine realistische Ziele, deren Erreichen dich bestärkt und neu motiviert. Denn mal wird es vorangehen und dann wieder nicht. Es wird Phasen der Stagnation geben und Rückfälle in alte Gewohnheiten. Lass dich davon nicht verunsichern. Rückschläge gehören dazu. Statt dich dafür zu verurteilen, betrachte sie als weitere Gelegenheit, um einen nachsichtigen und liebevollen Umgang mit dir selbst zu üben. Solange du einen Schritt nach dem anderen machst, kommst du voran.

Möglicherweise wird das Leben noch die ein oder andere Überraschung für dich bereithalten, aber du bist in der Vergangenheit damit zurechtgekommen und wirst es in der Zukunft ebenfalls tun. Denn all die Erkenntnisse, die du im Verlauf deines Lebens gewonnen hast, haben dich klüger gemacht. All die Lektionen, die du gelernt hast, haben dich erfahrener gemacht und all die Ressourcen, die du gebildet hast, stärker. Du bist heute schon ein reiferer Mensch als je zuvor und wenn du dir erlaubst, stetig weiter zu wachsen, kannst du nur gewinnen. Darum glaube daran, dass du deinen Weg durch all das Chaos und all die Krisen hinweg finden wirst. Glaube daran, dass du in der Lage sein wirst, mit den Herausforderungen deines Lebens umzugehen. Hab Vertrauen in deine Fähigkeiten. Hab Vertrauen in dich selbst!

»Wer einmal zu sich selbst gefunden hat, der kann nichts auf dieser Welt mehr verlieren.«
STEFAN ZWEIG (AUTOR DER »SCHACHNOVELLE«)

Bevor ich mich jetzt verabschiede, habe ich noch eine letzte Übung für dich.

ÜBUNG: **Meine Selbstliebekiste**

Bastle oder besorg dir eine hübsche Schachtel oder Kiste, in der du alle Erkenntnisse, Hilfsmittel und Ressourcen sammelst, die dich dabei unterstützen, liebevoll und fürsorglich mit dir umzugehen. Überleg noch einmal: Was tut dir gut? Wodurch gewinnst du Kraft? Was spendet dir Trost? Welche Gedanken möchtest du beibehalten? Wie kannst du dich auch in schweren Zeiten bestmöglich unterstützen?
Das könnte sich in deiner Selbstliebekiste befinden:

- *Hilfsmittel zum Wohlfühlen und Entspannen: Meditations-CD, Aromaöl, Badezusatz, Kerze, Ausmalbuch, Klassik-Playlist, Nähset…*
- *Genussmittel: Lieblingstee, besondere Körperlotion, Schachtel Pralinen…*
- *Trostbrief: In diesem Brief an dich selbst spendest du dir Zuversicht und Trost und bestärkst dich darin, dass es wieder besser wird.*
- *Adressen von Ansprechpartnern in der Not: Psychotherapeut, Hausarzt, Krisentelefon, Seelsorge, Freunde…*
- *Erfolgstagebuch: Hierin hast du all deine Stärken und Erfolgserlebnisse notiert, um dein Selbstwertgefühl zu steigern.*

- *Fotoalbum: Darin findest du deine schönsten Erlebnisse, um dich mit guten Gefühlen zu verbinden.*
- *Inspirierendes: Notizbuch mit den wichtigsten Erkenntnissen, hilfreichsten Gedanken, positiven Glaubenssätzen und inspirierenden Zitaten, Bildern oder Gedichten.*
- *Hilfreiche Ressourcen: Liste mit allem, was dir in der Vergangenheit geholfen hat schwere Zeiten zu überstehen: zum Beispiel Gespräche führen, eine Freundin anrufen, Spazierengehen, sich Ablenken, Malen, Sport machen …*
- *Tortendiagramm: Ausfüllvorlagen, um deine aktuelle Zufriedenheit festzuhalten.*
- *Tagebuch: Für deine Gedanken, Gefühle und Erkenntnisse.*
- *Erinnerungshilfen: Listen mit all den veralteten Glaubenssätzen, denen du nicht länger Raum geben, den Ansprüchen und Rollen, die du reduzieren willst, den Vergleichen, die du nicht länger anstellen willst und den Glücklichmachern, die du häufiger in dein Leben integrieren willst.*

Stelle am besten gleich jetzt die ersten Utensilien für deine Selbstliebekiste zusammen. Sie soll von nun an eine greifbare Erinnerung für deine neue Beziehung zu dir selbst sein und dich stets dazu anregen, gut zu dir selbst zu sein.

Fang hier und heute an, dich mit anderen Augen zu sehen, mit nachsichtigen Worten zu bedenken und mit liebevollen Gesten zu beschenken. Du bist ein wundervoller Mensch und du verdienst es, glücklich zu sein.

Alles Liebe, Deine Katharina

»Schwing dich
zum Mond empor.
Selbst wenn du
ihn verfehlst,
landest du bei
den Sternen.«

ANTOINE DE SAINT-EXUPÉRY
(PILOT UND AUTOR VON »DER KLEINE PRINZ«)

DIE AUTORIN

Dr. Katharina Tempel unterstützt als eine der erfolgreichsten Online-Coaches im deutschsprachigen Raum Menschen dabei, glücklicher zu werden und ein erfüllteres Leben zu führen. In ihrer Dissertation untersuchte die Expertin für *Positive Psychologie* Übungen zur Steigerung des Wohlbefindens. Einfühlsam zeigt sie ihren Lesern und Zuschauern Wege aus der Krise, bestärkt sie, die Beziehung zu sich selbst zu verbessern und ihren eigenen Weg zu gehen. Ihre Website „Glücksdetektiv" und der gleichnamige YouTube-Kanal werden monatlich über 800.000-mal aufgerufen. Katharina lebt mit Mann und Kind in Berlin.

Weitere Inspirationen und Tipps zum Thema sowie einen exklusiven Bonus zum Buch erhältst du hier:
www.gluecksdetektiv.de/bonus

IMPRESSUM

GU ist eine eingetragene Marke der GRÄFE UND UNZER VERLAG GmbH, www.gu.de

ISBN 978-3-8338-7041-5

10. Auflage 2022

Projektleitung: Anja Schmidt
Lektorat: Anna Cavelius
Bildredaktion: Angela Kotow, Simone Hoffmann
Umschlaggestaltung und Layout: independent Medien-Design, Horst Moser, München
Herstellung: Susanne Fuhrmann
Satz: Uhl + Massopust, Aalen
Repro: Longo AG, Bozen
Druck & Bindung: DZS Grafik, Slowenien

Bildnachweis
Adobe Stock: 113; Getty Images: 53 li., 69, 163; iStockphoto: 117, 120 re.; Leo Krumbacher/Blaublut-Edition.com: S. 93; Dirk Lambrechts/Blaublut-Edition.com: S. 156; Plainpicture: S. 23, 120 li., 127, 132 re.; Amy Shamblen/Unsplash: S. 152; Shutterstock: S. 12; Stocksy: S. 4, 7, 12, 19, 20, 27, 34, 37, 44, 48, 50, 53 re., 58, 63, 73, 78, 80, 83, 87, 95, 99, 105, 111, 124, 132 li., 135, 138, 145, 151, 159, 171, 175, 181, 184, 186; Autorinnenfoto S. 190: Konrad Tempel

QUALITÄTS GARANTIE

LIEBE LESERINNEN UND LESER,

wir wollen Ihnen mit diesem Buch Informationen und Anregungen geben, um Ihnen das Leben zu erleichtern oder Sie zu inspirieren, Neues auszuprobieren. Wir achten bei der Erstellung unserer Bücher auf Aktualität und stellen höchste Ansprüche an Inhalt und Gestaltung. Alle Anleitungen und Rezepte werden von unseren Autoren, jeweils Experten auf ihren Gebieten, gewissenhaft erstellt und von unseren Redakteur*innen mit größter Sorgfalt ausgewählt und geprüft.

Haben wir Ihre Erwartungen erfüllt? Sind Sie mit diesem Buch und seinen Inhalten zufrieden? Wir freuen uns auf Ihre Rückmeldung. Und wir freuen uns, wenn Sie diesen Titel weiterempfehlen, in Ihrem Freundeskreis oder bei Ihrem Online-Kauf.

Sollten wir Ihre Erwartungen so gar nicht erfüllt haben, tauschen wir Ihnen Ihr Buch jederzeit gegen ein gleichwertiges zum gleichen oder ähnlichen Thema um.

KONTAKT ZUM LESERSERVICE

GRÄFE UND UNZER VERLAG
Grillparzerstraße 12
81675 München
www.gu.de

Syndication:
www.seasons.agency

GRÄFE UND UNZER

Ein Unternehmen der
GANSKE VERLAGSGRUPPE